NASCHMITTAG

AGNES PRUS
YELDA YILMAZ

NASCH MITTAG

KAFFEE-UND-KUCHEN-KLASSIKER,
KEKSE UND NEUES LIEBLINGSGEBÄCK

DUMONT

INHALT

Die kleine Wonne am Nachmittag

Nachmittags, halb vier – das ist die Uhrzeit, zu der sich gerne ein gewisser Zieps einstellt: das Bedürfnis nach einer Leckerei, einer klitzekleinen Wonne, die uns bis zum Abend durchhalten lässt. Die damit einhergehende Verschnaufpause, das entspannte Innehalten oder auch der angeregte Plausch mit den Kindern nach ihrem Schultag, dem Partner, den Kollegen oder Freunden ist das, was diese Mini-Mahlzeit so wertvoll macht.

Mit dem Bedürfnis nach einem kleinen »Nachmittagssüß« sind wir nicht allein. In vielen Ländern hat diese Mahlzeit einen festen Platz und Namen: In Frankreich heißt sie *le goûter,* in Polen *podwieczorek,* die Italiener nennen sie *la merenda,* die Schweden schätzen ihre *fika* und die Engländer begrüßen den *afternoon tea* als willkommene Pause. Unser Buch widmet sich den süßen Kleinigkeiten, die uns am Nachmittag glücklich stimmen.

Den Beginn macht Gebäck, das ganz einfach und mit wenig Zeitaufwand herzustellen ist. Es ist für den Alltag unter der Woche bestimmt und steht zum Naschen bereit: Es lässt sich gut vorbereiten, bleibt lange frisch oder man kann es einfrieren. Dazu zählen saftige Rührkuchen mit Streuseln, Nüssen oder Gewürzen ebenso wie kernige oder fruchtige Riegel und Schnitten, Cookies und Kekse. Diese Leckereien können gut zur Arbeit, auf den Spielplatz oder zu Freunden mitgenommen werden.

Wenn am Wochenende mehr Zeit ist, kommen aufwendigere Kuchen und Teilchen oder auch mal eine Torte auf den Tisch. Diesen Liebhaberstücken widmet sich die zweite Hälfte des Buches. Wir freuen uns über gute Bekannte wie Schwarzwälder Kirschtorte und auf spannende neue Backprojekte, nehmen uns Zeit für himmlisch weichen Hefeteig und krönen den schönsten Teil der Woche mit einem Sahnehäubchen.

Agnes entwickelte für *Naschmittag* das Konzept und die Rezepte und schrieb alle Texte. Yelda war für die Fotografie und das Foodstyling zuständig und steuerte auch das eine oder andere ihrer Lieblingsrezepte bei. Wir hoffen, dir gefällt das Ergebnis.

Viel Freude beim Backen, Pausemachen und Naschen!
Agnes und Yelda

Richtig gut backen

Um etwas Leckeres zu backen, braucht man weder eine perfekt ausgestattete Profiküche noch einen Vorratsschrank voller extravaganter Zutaten. Obwohl sich in meiner Küche mittlerweile so allerhand Zubehör tummelt, das ich nicht missen möchte und das bei anspruchsvolleren Backprojekten nötig oder zumindest sehr hilfreich ist, reichen für den Großteil der hier vorgestellten Rezepte zwei Rührschüsseln, ein Rührgerät, eine Waage und zwei bis drei unterschiedliche Backformen. Diese Standard-Ausrüstung wie auch ein paar speziellere Helferlein möchte ich hier vorstellen. Außerdem spreche ich kurz über eine Handvoll Backzutaten. Alte Backhasen können diese Seiten gelassen überspringen und zum spaßigen Teil übergehen (ab Seite 14). Diese Einleitung ist in erster Linie für jene gedacht, die noch nicht so oft Backstubenluft geschnuppert haben.

Rührgerät und Co: Die Standardausrüstung

Rührschüsseln

Metallschüsseln sind außerordentlich praktisch, hygienisch und werden daher in der Gastronomie mit Vorliebe verwendet. Zu Hause benutze auch ich sie am liebsten oder greife zu hochwertigen Rührschüsseln aus Kunststoff mit Stoppboden. Sie sind leicht, gut zu reinigen und verrutschen nicht auf der Arbeitsfläche. Und wenn man darauf Wert legt, findet man sogar richtig schöne Modelle.

Apropos hübsch: Es sieht immer sehr malerisch aus, wenn Kuchenteig in einer Keramikschüssel zubereitet wird. Im echten Leben erweisen sich meines Erachtens allerdings ihr Gewicht und ihre Zerbrechlichkeit schnell als Nachteil. Außerdem hinterlassen die Aufsätze des Rührgeräts graue Kratzer auf dem Porzellan, was ich persönlich dann nicht mehr so malerisch finde. Dennoch sind Keramikschüsseln, was das Material betrifft, natürlich ebenfalls als Rührschüsseln geeignet. Mit zwei Rührschüsseln und ein paar kleineren Schälchen ist man gut ausgestattet.

Waage

Eine gute Waage ist ein Muss beim Backen! Ich verwende seit Jahren eine digitale Waage, doch bin ich auch lange mit einer analogen ausgekommen. Manche digitalen Modelle haben die Tücke, sich auszuschalten, wenn man zu lange trödelt, das muss man im Hinterkopf haben. Außerdem sollten natürlich passende Batterien vorrätig sein.

Wenn man häufig sehr geringe Mengen (z. B. Hefe) abwiegen möchte, lohnt sich die Anschaffung einer Löffelwaage oder einer zweigeteilten Waage, die eine normale Abstellfläche hat und eine separate, kleinere für die »Federgewichte«.

Rührgerät

Handrührgeräte sind die Arbeitspferde beim

Backen, deswegen lohnt sich die Anschaffung eines leistungsstarken, guten Geräts: 400 Watt sollten es schon sein, 500 Watt gelten als ausreichende Kraft für Hefeteig. Ansonsten hilft es, die Geräte vor dem Kauf einmal in die Hand zu nehmen, denn zum einen ist der sichere Griff wichtig, zum anderen sind manche Exemplare erstaunlich schwer.

Messbecher

Die Einteilung bei handelsüblichen Messbechern ist manchmal etwas grob. Im Gastronomiebedarfsladen oder online sind Kunststoffmessbecher erhältlich, die in 10-ml-Schritte eingeteilt sind. Sie sehen zwar aus wie einem Labor entsprungen, sind aber ungemein praktisch. Ein heißer, unter Müttern gehandelter Tipp für kleine Mengen: Babyfläschchen. Ihre Markierungen beginnen meistens schon bei 30 ml, sie sind günstig, spülmaschinenfest, überall erhältlich und nahezu unverwüstlich.

Backformen und -bleche

Als Standard-Backformen gelten 25 × 11 cm große Kastenformen (am oberen Rand gemessen) und Springformen mit einem Durchmesser von 26 cm. Kuchen, die laut Rezept in einer 24er-Springform gebacken werden sollen, gelingen in der Regel auch in einer 26er, werden aber ein wenig flacher.

Für Torten verwende ich gerne 20-cm-Springformen, denn bei einer Höhe von ca. 8 cm ergibt sich eine Menge von acht bis zehn Tortenstücken, was für unsere Zwecke meistens ausreicht. Entsprechend umgerechnet kann man die Rezepte aber natürlich auch in größerem Format backen (siehe Seite 11).

Rechteckige Backformen, etwa für Riegel, verwende ich meist in den Größen 20 × 20 cm und 24 × 20 cm. Sind diese nicht vorhanden, können die Riegel in Auflaufformen hergestellt werden. Der Brandteig für die Karpatka (siehe Seite 145) kann ersatzweise in der entsprechenden Größe auf einem Backblech gebacken werden.

Die Größe von Backblechen bewegt sich zwischen 28 bis 32 cm Breite und 37 bis 40 cm Länge – je nach Ofen. Unsere Rezepte wurden auf Blechen von ca. 30 × 40 cm gebacken. Ein paar Zentimeter in die eine oder andere Richtung machen aber kaum einen Unterschied.

Die Formen, in denen wir gebacken haben, bestehen in der Regel aus Metall. Mit Silikon habe ich beim Backen keine guten Erfahrungen gemacht, denn die Wärmeleitfähigkeit ist geringer als die von Metall, was das Backergebnis negativ beeinflussen kann. Außerdem empfinde ich die Instabilität als unpraktisch, und das Material birgt meines Wissens nach die Gefahr, dass Giftstoffe in das Backgut übergehen können.

Backofenthermometer

Ein Backofenthermometer gehört für mich definitiv zur Standard-Ausrüstung beim Backen. Ich habe im Laufe der Jahre mit zahlreichen Backöfen gearbeitet, und in den wenigsten herrschte wirklich die Temperatur, die die Anzeige des Ofens versprach. Die Diskrepanz kann locker 10 °C betragen, wenn nicht sogar mehr. Manche Öfen brauchen sehr lange, um nach dem Öffnen wieder auf Temperatur zu kommen, andere heizen von oben stärker als von unten oder umgekehrt. Solche Schwankungen und die Unwissenheit darüber können bei Backrezepten ganz schnell zu Misslingen und Frust führen. Ofenthermometer, die in den Backofen gestellt werden, sind etwas preiswerter als digitale, bei denen nur der Messstab im Ofen liegt. Doch Letztere reagieren schneller auf Schwankungen, die z. B. durch das Öffnen der Tür entstehen.

Übrigens: Wenn bei den Rezepten nichts anderes angegeben ist, wird immer auf der mittleren Schiene des Backofens gebacken.

Silikonspatel

Man kann durchaus ohne Silikonspatel leben und einen Holzlöffel verwenden. Wenn es aber um das restlose Auskratzen von Rührschüsseln und das Verstreichen des Teiges geht, sind diese flexiblen Helfer Gold wert.

Siebe

Ein kleines Sieb für Puderzucker oder Kakaopulver und ein etwas größeres für Mehl sollten vorhanden sein, wenn man gerne feines Gebäck wie Biskuit herstellt. Durch das Sieben verschwinden Klümpchen und das Mehl wird schön luftig.

Backpinsel

Backpinsel sorgen für das i-Tüpfelchen beim Backen, denn viele Gebäcksorten bekommen durch Eistreiche oder eine feine Schicht Glasur erst das richtige Finish. Hierfür verwende ich einen Backpinsel mit Naturborsten oder einen hitzebeständigen Silikonpinsel.

Kuchengitter

Die meisten Kuchen und besonders kleines Gebäck kühlen am besten auf einem feinmaschigen Metallgitter aus. Nur so kann der austretende Dampf entweichen, und die Unterseite des Gebäcks weicht nicht auf. Außerdem kühlt das Gebäck dann flotter ab und man kann schneller naschen!

Blitzhacker

In meinem kleinen Blitzhacker mahle ich oft Mandeln und Nüsse, ich verwende ihn aber auch für Teige, die zügig verarbeitet und nicht geknetet werden sollen (z. B. Pie-Teig). Ist kein Blitzhacker vorhanden, können die Teigzutaten auch einfach auf einem Brett mit einem Messer gehackt und somit behutsam vermengt werden.

Teigkarte und weiteres Bonus-Zubehör

Teigkarte

Backfans haben oft Teig auf der Arbeitsfläche kleben. Glücklich, wer dann die Überbleibsel nicht mit einem Schwamm entfernen muss, sondern flugs die Teigkarte aus der Schublade zieht. Mit ihrer Hilfe lassen sich die gröbsten Teig- und Mehlreste schnell beseitigen, alles Weitere ist dann ein schmierfreies Kinderspiel. Außerdem glänzt die Karte natürlich in ihrer Funktion als Teigportioniererin.

Zuckerthermometer

Viele, die in einem Rezept das Wort Zuckerthermometer lesen, blättern gleich nervös weiter. Das ist schade, denn dann entgehen ihnen vermutlich die meisten Karamellgenüsse. Am praktischsten sind Thermometer, die während des Kochens im Topf bleiben können und die man nicht konstant festhalten muss.

Küchenmaschine

Mit etwas Durchhaltevermögen lässt sich selbst Hefeteig mit einem kraftvollen Handrührgerät herstellen, und eine Küchenmaschine ist wahrlich kein Muss. Eine Entlastung ist es trotzdem, wenn die lange, anstrengende Knetarbeit von ihr übernommen wird. Und praktisch, wenn man sich in diesen Minuten, in denen sie Teig walkt, Eiweiß aufschlägt oder heiße Massen kalt rührt, schon den nächsten Schritten des Rezepts widmen kann.

Backformen umrechnen

Der Wunsch nach Kuchen ist groß, aber die Backform zu klein? Kein Problem! Mit unserer Umrechnungstabelle könnt ihr das Rezept einfach an eure Bedürfnisse anpassen. Multipliziert alle Zutaten mit dem angegebenen Faktor. Aber Vorsicht: Wird der Kuchen deutlich kleiner oder größer als im Rezept, müsst ihr die Backzeit entsprechend ändern.

GRÖSSE DER EIGENEN BACKFORM

RUNDE FORM, DURCHMESSER | RECHTECKIGE FORM

BACKFORMGRÖSSE IM REZEPT: RUNDE FORM, DURCHMESSER | RECHTECKIGE FORM

cm	18	20	22	24	26	28	30	25 × 11	20 × 20	24 × 20	30 × 40 Backblech
18		1,3	1,4	1,7	2,0	2,5	2,5	1,1	1,6	1,9	4,7
20	0,8		1,3	1,4	1,7	2,0	2,5	0,9	1,3	1,5	3,8
22	0,7	0,8		1,3	1,4	1,7	2,0	0,7	1,1	1,3	3,2
24	0,6	0,7	0,8		1,1	1,4	1,7	0,6	0,9	1,1	2,7
26	0,5	0,6	0,7	0,8		1,1	1,3	0,5	0,8	0,9	2,3
28	0,4	0,5	0,6	0,7	0,8		1,1	0,4	0,6	0,8	1,9
30	0,4	0,4	0,5	0,6	0,8	0,9		0,4	0,6	0,7	1,7
25 × 11	1,3	1,4	2,0	2,0	2,5	3,3	3,3		1,5	1,7	4,4
20 × 20	0,6	0,8	1,0	1,1	1,3	1,5	1,8	0,7		1,2	3,0
24 × 20	0,5	0,7	0,8	0,9	1,1	1,3	1,5	0,6	0,8		2,5
30 × 40 Backblech	0,2	0,3	0,3	0,4	0,4	0,5	0,6	0,2	0,3	0,4	

Umrechnungsbeispiel

Die Himbeer-Limetten-Torte (siehe Seite 149) soll nicht 20 cm sondern 26 cm Durchmesser haben? Dann multipliziert man einfach alle Zutatenmengen mit 1,7: 100 g Weizenmehl × 1,7 = 170 g Weizenmehl. 70 g gemahlene Mandeln × 1,7 = 119 g gemahlene Mandeln etc. Dabei ergeben sich manchmal »krumme« Ergebnisse wie 119 g gemahlene Mandeln oder 6,8 Eier. Natürlich dürft ihr in dem Fall ein wenig runden, also auf 120 g Mandeln und auf 7 Eier.

Ein Löffelchen voll Zucker und andere Zutaten

Mehl

Mehl bildet das Rückgrat für nahezu alle Rezepte in diesem Buch. Meistens verwende ich Weizenmehl Type 405, manchmal allerdings auch Weizenmehl Type 550. Die beiden haben unterschiedliche Auswirkungen auf die Konsistenz des Teiges: 405er-Mehl gilt als Standard-Sorte für feines Gebäck wie Kekse und Rührkuchen, Torten, Mürbeteig und Brandteig. 550er-Mehl hingegen eignet sich sehr gut für Hefeteige, die geformt werden, denn es enthält mehr Gluten als das 405er. Dieses Protein, das wie eine Art Kleber wirkt, lässt Teige elastisch werden. Diese Elastizität ist toll im Hefezopf, kann aber einen eigentlich fluffigen Rührkuchen zäh machen. Auch Kneten und langes Rühren lässt vermehrt Glutenstränge entstehen, daher profitiert Hefeteig vom ausgiebigen Walken, Rührteige jedoch mögen das gar nicht und sollten nach der Mehlzugabe nur noch kurz gerührt werden.

Übrigens: Das Alter des Mehls hat Einfluss auf seinen Feuchtigkeitsgehalt, d. h., frisches Mehl ist feuchter. Daher kann es durchaus sein, dass bei der Zubereitung von Teigen, speziell Hefeteigen, die Flüssigkeitsmenge ein kleines bisschen angepasst werden muss.

Butter und andere Fette

Die verwendete Butter in diesem Buch ist immer ungesalzen. Für das Gelingen der Rezepte ist es wichtig, dass sie die richtige Konsistenz hat. Kalte Butter verbindet sich nur sehr langsam mit den restlichen Zutaten, was etwa bei Mürbeteig durchaus erwünscht ist. Weiche Butter hingegen geht schnell eine Liaison mit Zucker oder Eiern ein – ideal für Rührteig. Zerlassene Butter verwende ich gerne in Streuselteig, da das zerlassene Fett die Glutenbildung erschwert und die Streusel dadurch schön mürbe werden.

Alternativ zu tierischem Fett verwende ich neutrales Pflanzenöl oder vegane Margarine, und zwar diejenige, die wie Butter im Block erhältlich ist.

Eier

Eier verwende ich raumtemperiert und in der Größe M. Da sie einen großen Einfluss auf die Flüssigkeitsmenge im Teig haben, sollte die Größe unbedingt beachtet werden!

Zucker

Bei unseren Rezepten kommen verschiedene Zuckersorten zum Einsatz: normaler Haushaltszucker (in den Zutaten einfach »Zucker« genannt), Rohrohrzucker, Puderzucker und verschiedene braune Zuckersorten wie Demerara- oder Muscovado-Zucker.

Ich verwende mit Vorliebe feinen Rohrohrzucker, denn er erscheint mir ein wenig runder im Geschmack als Haushaltszucker. Doch das möchte ich niemandem vorschreiben, in den Rezepten kann man Rohrohrzucker auch durch normalen Zucker austauschen.

Einen großen Unterschied macht allerdings die Verwendung von braunen Zuckersorten. Sie bringen eine wunderbare Karamellnote ins Spiel und sollten nach Möglichkeit nicht ersetzt werden. Es gibt übrigens deutliche Unterschiede bezüglich der Körnung! Zucker zum Bestreuen (z. B. für Galette oder Pie) sollte nicht zu fein sein, sonst löst er sich zu schnell auf.

Hefe, Backpulver und Natron

Alle drei sorgen dafür, dass Teige schön wachsen. Aber auch nur, wenn sie frisch genug sind!

Hefe verwende ich manchmal getrocknet und manchmal frisch und glaube mittlerweile, dass es geschmacklich keinen so großen Unterschied macht. Oft entscheidet meine Laune oder die Verfügbarkeit, zu welcher Sorte ich greife. Mit Trockenhefe geht es etwas schneller, frische Hefe macht mir durch ihre Lebendigkeit irgendwie Spaß.

Gebäck mit Backpulver mochte ich lange Zeit nicht so gerne, weil es ein metallisches Gefühl auf meiner Zunge hinterließ und etwas chemisch schmeckte. Bei Weinsteinbackpulver ist das anders, daher verwende ich ausschließlich dieses. Nicht alle sind da aber so empfindlich wie ich, deswegen möchte ich da gar nicht dogmatisch sein. Alle Rezepte funktionieren auch prima mit normalem Backpulver.

Natron kommt ebenfalls manchmal zum Einsatz, denn auch ihm wohnen »erhebende« Eigenschaften inne. Es wird allerdings nur in Kombination mit Säure zum Backtriebmittel. Gleichzeitig neutralisiert es sauren Geschmack ein wenig und lässt Gebäck außerdem schneller bräunen.

Vanillezucker und Vanille

Vanillezucker mache ich gerne selbst, indem ich eine Vanilleschote auskratze und das Mark mitsamt Schote in einem Schraubglas mit Zucker mische. Nach ein paar Tagen ist der Zucker toll aromatisiert. Das ist ein bisschen günstiger und, wie ich finde, leckerer als die gekaufte Variante. Alternativ kaufe ich Bourbon-Vanillezucker.

Vanillin ist zwar eigentlich auch ein Bestandteil der Vanilleschote, wird aber für Vanillinzucker meistens synthetisch hergestellt, deswegen ziehe ich die selbst gemachte Alternative vor.

Auch Vanilleschoten kommen bei mir direkt zum Einsatz, und zwar mit Vorliebe, wenn sie in einer Flüssigkeit oder Masse erhitzt werden, etwa für Vanillecreme. Die Schote entferne ich im Anschluss, spüle sie ab, lasse sie trocknen und stecke sie in das Vanillezuckerglas.

Salz

Die berühmte Prise Salz – ich füge sie den meisten Rezepten bei, denn Salz verleiht dem Gebäck trotz der kleinen Menge geschmackliche Tiefe. Wird etwas mehr Salz verwendet, hat dies außerdem »bräunende« Auswirkungen auf Kuchen und Teilchen.

Zeit

Die wichtigste und wertvollste Zutat überhaupt: ein bisschen Zeit. Diesen kleinen Luxus wünsche ich allen, die dieses Buch in die Hand nehmen. Dafür, das ausgewählte Rezept einmal kurz zu lesen, alle Zutaten bereitzustellen und die Backform vorzubereiten. Ein wenig Zeit zum Gehenlassen des weichen Hefeteiges und zum Vorheizen des Backofens (denn im Gegensatz zu einem Auflauf braucht ein Kuchenteig sofort ein warmes Nest).

Vor allem aber Zeit für kleine oder auch größere Backexperimente, für gemütliche Nachmittagsstunden und das Genießen der selbst gebackenen süßen Naschereien.

FÜR JEDEN TAG

EINFACH GUTE KUCHEN

Zitronenkuchen

Klassischerweise werden für Rührteig zunächst Butter und Zucker cremig geschlagen, danach die Eier nach und nach zugegeben, und zum Schluss kommt das Mehl und eventuell etwas Flüssigkeit hinzu. Bei Zitronenkuchen mache ich es aber ein wenig anders, als es die Rührkuchen-Intuition suggerieren würde: Das Mehl verrühre ich gut mit der Butter, denn das verringert die Glutenbildung. Erst danach kommen die cremig aufgeschlagenen Eier hinzu. Beides zusammen sorgt für eine Extraportion Fluffigkeit.

Für 1 Kastenform (25 × 11 cm)
Zubereiten: 20 Min.
Backen: 55 Min.

Für den Rührteig
4 Bio-Zitronen
220 g Zucker
4 Eier (Zimmertemperatur)
250 g Weizenmehl Type 405
2 TL Weinsteinbackpulver
230 g weiche Butter
1 Prise Salz

Außerdem
Butter und Semmelbrösel für die Form
100 g Puderzucker

1. Den Backofen auf 180 °C (Ober-/Unterhitze) vorheizen. Eine Kastenform fetten und mit Semmelbröseln ausstreuen.

2. Zitronenschale abreiben. Zusammen mit Zucker mit den Fingern verreiben, bis die Küche schön nach Zitrone duftet. Eier zugeben und alles hell-cremig aufschlagen. Zwei Zitronen auspressen. Es werden 70 ml Saft für den Teig und später 2 EL für den Guss benötigt. Mehl und Backpulver gründlich vermischen. Butter und Salz zugeben und alles 2 Min. vermengen. Die Eiermasse und 70 ml Zitronensaft 1 Min. unterrühren.

3. Den Teig in die vorbereitete Form geben und glatt streichen. Auf der zweiten Schiene von unten in ca. 55 Min. goldbraun backen. Gegen Ende der Backzeit eventuell mit Backpapier abdecken, damit der Kuchen nicht zu braun wird. Den Kuchen aus dem Ofen nehmen und abkühlen lassen. Für den Guss den Puderzucker mit 2 EL Zitronensaft glatt rühren und den Kuchen damit bestreichen.

Saftige Cashew-Dattel-Riegel

Wenn am Nachmittag der Magen plötzlich in den Kniekehlen hängt, greife ich gerne zu diesen soften Riegeln. Die verwendeten Datteln sollten unbedingt Medjool-Datteln sein, da diese weicher sind als andere Sorten und sich hierfür wunderbar verarbeiten lassen. Die Süße der Riegel macht mich wieder heiter und die Haferflocken und Kerne halten lange satt – der perfekte »Pick me up«-Snack!

Für ca. 12 Stück
Zubereiten: 15 Min.
Rösten: 10 Min.
Kühlen: 6 Std.

- 150 g Mandeln
- 50 g Sonnenblumenkerne
- 250 g Cashewkerne
- 125 g Medjool-Datteln, entsteint
- 120 g zarte Haferflocken
- ½ TL Salz
- ¼ TL gemahlener Zimt
- 120 g Ahornsirup
- 90 g Zartbitter-Schokotropfen (alternativ gehackte Zartbitterschokolade)
- 1½ EL Chiasamen

1. Die Mandeln grob hacken und mit den Sonnenblumenkernen in einer Pfanne rösten, bis sie goldbraun sind. Alternativ bei 160 °C im Backofen 8–10 Min. rösten.

2. Cashewkerne, Datteln, Haferflocken, Salz und Zimt im Blitzhacker oder Standmixer fein zerkleinern und in eine Schüssel füllen. Mit Ahornsirup, Schokolade, Chiasamen, Mandeln und Sonnenblumenkernen 2 Min. verkneten.

3. Eine rechteckige Back- oder Auflaufform (24 × 20 cm) mit Backpapier auslegen. Die Masse einfüllen, mit einer Lage Backpapier bedecken und fest flach drücken. Optimalerweise für 6 Std. kalt stellen, damit die Chiasamen etwas quellen und die Aromen sich verteilen können. In zwölf Riegel schneiden. Die Riegel in einer Frischhaltedose im Kühlschrank aufbewahren.

TIPP
Wer die Riegel etwas fester mag, kann sie auch bei 165 °C im Backofen ca. 18 Min. backen.

Schoko-Biskuitrolle mit Bananen

Klar, wer hier Pate stand, oder? Der gute alte Maulwurfkuchen! Doch statt des klassischen Hügels, dem doch sehr das Kindergeburtstagsflair anhaftet, habe ich mich hier für eine Biskuitrolle entschieden. Der Geschmack jedoch bedient trotzdem ganz wunderbar die kleine Sehnsucht nach »früher«, nach Kindheit, Kitsch und Bananensplit.

Für 1 Rolle (ca. 8 Stücke)
Zubereiten: 35 Min.
Backen: 10 Min.
Kühlen: 2 Std.

Für den Biskuit
50 g Weizenmehl Type 405
50 g Speisestärke
30 g ungesüßtes Kakaopulver
½ gestr. TL Weinsteinbackpulver
4 Eier, getrennt
1 Prise Salz
125 g Zucker
4 EL warmes Wasser
1 Pck. Bourbon-Vanillezucker

Für die Füllung
ca. 400 g Schlagsahne
2 Pck. Sahnesteif
1 Pck. Bourbon-Vanillezucker
100 g Zartbitter-Raspelschokolade
2 Bananen

Außerdem
ca. 3 EL Zucker für das Tuch
Puderzucker zum Bestäuben (optional)

1. Den Backofen auf 210 °C (Ober-/Unterhitze, nicht Umluft) vorheizen. Ein Blech mit Backpapier auslegen.

2. Für den Biskuit Mehl, Stärke, Kakao und Backpulver vermischen. Eiweiß mit Salz fast steif schlagen. Ein Drittel des Zuckers unter Rühren einrieseln lassen und weiterschlagen, bis sich der Zucker aufgelöst hat. Eigelb mit Wasser schaumig schlagen. Restlichen Zucker und Vanillezucker unterschlagen, bis die Masse hell-cremig und der Zucker aufgelöst ist. Den Eischnee auf die Eigelbmischung geben. Die Mehlmasse daraufsieben. Alles mit einem Silikonspatel behutsam vermengen.

3. Den Teig auf das vorbereitete Blech geben, glatt streichen und 10 Min. backen. Ein sauberes Geschirrtuch auf die Arbeitsfläche legen und gleichmäßig mit Zucker bestreuen.

4. Den Biskuit aus dem Ofen nehmen, die Ränder vorsichtig mit einem Messer vom Blech lösen und den Biskuit auf das Tuch stürzen. Das Backpapier mit Wasser besprühen oder bepinseln und vom Teig abziehen (nicht nach oben, sondern in Abziehrichtung). Den Biskuit von der kurzen Seite her mit dem Tuch einrollen und auskühlen lassen.

5. Für die Füllung die Sahne schaumig schlagen. Sahnesteif und Vanillezucker unter Rühren einrieseln lassen und die Sahne steif schlagen. Schokoraspel unterheben. Bananen längs vierteln, in Würfelchen schneiden und unter die Sahne heben.

6. Den Biskuit entrollen und mit der Sahne bestreichen. Dabei an den Rändern ca. 1,5 cm frei lassen, an der Seite, zu der hingerollt wird, ca. 3 cm frei lassen. Biskuit einrollen und 2 Std. im Kühlschrank durchziehen lassen. Vor dem Servieren mit Puderzucker bestäuben.

Trauben-Olivenöl-Kuchen

Dieser kleine Kuchen ist frisch gebacken schon sehr lecker, aber er eignet sich auch sehr gut zum Vorbereiten: Mit der Zeit ziehen die mediterranen Aromen von Thymian, Honig und Orange schön durch, und das Olivenöl schenkt ihm eine wunderbare Saftigkeit, die mehrere Tage anhält. Ein perfekter »Mittwochskuchen« für die kleine Auszeit im Alltag.

Für 1 Springform (24 cm Ø)
Zubereiten: 20 Min.
Backen: 50 Min.

130 g Weizenmehl Type 405
80 g gemahlene Mandeln
1 TL Weinsteinbackpulver
1 Prise Salz
100 g Rohrohrzucker
1 TL Thymianblättchen
2 Eier
2 EL flüssiger Honig
120 ml Olivenöl
150 g Naturjoghurt (3,8 % Fett)
1 TL Orangenabrieb
1 TL Vanilleextrakt
einige Tropfen Mandelextrakt
300 g kleine kernlose Trauben

Außerdem
Öl für die Form
cremiger Naturjoghurt und flüssiger Honig zum Servieren

1. Den Backofen auf 165 °C (Ober-/Unterhitze) vorheizen und eine Springform fetten. Mehl, Mandeln, Backpulver und Salz vermengen. Zucker und Thymian mit den Fingern verreiben, damit sich das Aroma verteilt. Eier zugeben und hell-cremig aufschlagen. Honig, Olivenöl, Joghurt, Orangenabrieb, Vanille- und Mandelextrakt unterheben. Die Mehlmischung nur kurz unterrühren.

2. Die Hälfte der Trauben unterheben und den Teig in die Backform geben. Die restlichen Trauben halbieren und mit der Schnittfläche nach oben auf dem Teig verteilen. Den Kuchen in ca. 50 Min. goldbraun backen.

3. Aus dem Ofen nehmen, kurz ruhen lassen und den Springformrand lösen. Den Kuchen auf einem Gitter vollständig abkühlen lassen. Einen Klecks Joghurt zu den Kuchenstücken geben und mit Honig beträufelt servieren.

TIPP
Wenn keine 24er-Springform vorhanden ist, kann dieser recht flache Kuchen auch in einer etwas kleineren Springform oder in einer rechteckigen Form (20 × 20 cm) gebacken werden.

Waldbeer-Ricotta-Kuchen mit Mandeln

Zu diesem unkomplizierten Rührkuchen passen nahezu alle Arten von Beeren wunderbar, etwa Rote und Schwarze Johannisbeeren oder Himbeeren. Da bestimmt ganz klar das saisonale Angebot über das fruchtige i-Tüpfelchen. Kleiner Geheimtipp: Wer eine Zitronenverbene im Garten hat, kann statt des Bittermandelaromas 1 EL fein gehackte Blättchen des aromatischen Krauts zum Teig geben.

Für 1 Springform (24 cm Ø)
Zubereiten: 20 Min.
Backen: 1 Std.

150 g frische Blaubeeren
150 g frische Brombeeren
250 g Dinkelmehl Type 630
50 g gemahlene Mandeln
1 TL Weinsteinbackpulver
¼ TL Salz
120 g weiche Butter
230 g Rohrohrzucker
1 Pck. Bourbon-Vanillezucker
2 Eier (Zimmertemperatur)
200 g Ricotta
65 ml neutrales Pflanzenöl (z. B. Maiskeimöl)
1 TL Zitronenabrieb
einige Tropfen Bittermandelaroma (optional)

Außerdem
Butter oder Öl für die Form
1 EL Dinkelmehl für die Beeren
1 EL Rohrohrzucker zum Bestreuen
ca. 3 EL Mandelblättchen

1. Den Backofen auf 175 °C (Ober-/Unterhitze) vorheizen und eine Springform fetten. Von den Beeren jeweils ca. 20 g beiseitelegen. Den Rest mit 1 EL Mehl bestäuben.

2. Mehl, Mandeln, Backpulver und Salz vermischen. Butter kurz cremig schlagen. Zucker und Vanillezucker ca. 1 Min. unterrühren. Eier nacheinander zugeben und jeweils 1 Min. unterrühren, bis die Masse schön cremig ist. Anschließend Ricotta, Öl, Zitronenabrieb und optional Bittermandelaroma gründlich unterrühren. Drei Viertel der Mehlmischung unterrühren. Dann den Rest nur kurz unterheben und anschließend mit Mehl bestäubte Beeren ebenfalls unterheben.

3. Den Teig in die Backform füllen und glatt streichen. Restliche Beeren daraufgeben und alles mit Rohrohrzucker bestreuen. Mandelblättchen am Rand verteilen. Den Kuchen ca. 1 Std. backen. Aus dem Ofen nehmen, kurz ruhen lassen und den Springformrand lösen. Den Kuchen auf einem Gitter vollständig abkühlen lassen.

TIPP
Dazu passt ein Klecks Crème fraîche oder Schlagsahne sehr gut.

Pfirsich-Himbeer-Streuselschnitten

Backen sollte im Sommer nach Möglichkeit ein flottes Unterfangen sein, denn so gerne ich Kuchen esse, diese Jahreszeit bringt mir meistens schon genug Wärme ins Leben (besonders in einer Dachgeschosswohnung ...). Diese schnell gemachten Schnitten versüßen sonnige Tage mit frischen Früchten und knusprigen Streuseln und passen wunderbar zu einem Picknick im Park.

Für 1 Blech (30 × 40 cm)
Zubereiten: 30 Min.
Backen: 45 Min.

Für den Teig

640 g Weizenmehl Type 405
¾ TL Weinsteinbackpulver
1 TL gemahlener Zimt
¾ TL Salz
380 g kernige Haferflocken
250 g Zucker
240 g brauner Zucker
Abrieb von 1½ Bio-Zitronen
500 g Butter, zerlassen

Für die Früchte

3–4 Pfirsiche (ca. 800 g)
2½ EL Zucker
Mark von 1 Vanilleschote
Saft von 1½ Zitronen
680 g Himbeeren (frisch oder TK, unaufgetaut)
1½ EL Weizenmehl Type 405
1 EL Speisestärke

1. Den Backofen auf 180 °C (Ober-/Unterhitze) vorheizen und ein Blech mit Backpapier auslegen. Für den Teig Mehl, Backpulver, Zimt und Salz vermischen. Die restlichen Zutaten zugeben und alles mit den Fingern zu Streuseln verarbeiten. Zwei Drittel der Masse auf dem Blech verteilen, etwas festdrücken und 10 Min. vorbacken. Die übrigen Streusel kalt stellen.

2. Für die Früchte Pfirsiche waschen, vierteln, entsteinen und in dünne Scheiben schneiden. In einem Schälchen 1 EL Zucker und Vanillemark gut miteinander vermengen. Mit der Hälfte des Zitronensafts zu den Pfirsichen geben. Alles behutsam vermischen. Himbeeren mit Mehl und Stärke bestäuben, 1½ EL Zucker darüberstreuen und mit restlichem Zitronensaft beträufeln. Ein paar Beeren zerdrücken und alles behutsam, aber gründlich vermischen.

3. Den vorgebackenen Boden aus dem Ofen holen. Zunächst Pfirsiche, dann Himbeeren und zum Schluss Streusel darauf verteilen. Den Kuchen ca. 35 Min. backen. Aus dem Ofen nehmen und vor dem Anschneiden vollständig abkühlen lassen.

TIPP
Ungeduldige Gemüter können die Schnitten bereits vor dem Abkühlen probieren, aber dann hat das Ganze eher Crumble-Charakter. Vanilleeis schmeckt prima dazu.

Veganes Bananenbrot

Dieses leckere Gebäck »Brot« zu nennen, fällt eigentlich unter die Kategorie »gesund schwindeln«, denn natürlich handelt es sich hier um einen Kuchen. Aber sei's drum. Schließlich sättigt es durch Bananen, Haferflocken und Nüsse mindestens so gut wie Brot, und dank seiner Form kann man es auch wunderbar toasten und sogar belegen, z. B. mit Nussmus und, ja, auch mit Bananen!

Für 1 Kastenform (25 × 11 cm)
Zubereiten: 15 Min.
Backen: 50 Min.

250 g Weizenmehl Type 405 oder Dinkelmehl Type 630
2 TL Weinsteinbackpulver
2 TL gemahlener Zimt
¼ TL Natron
1 Prise Salz
3–4 sehr reife Bananen (ca. 350 g ohne Schale)
100 g Ahorn- oder Reissirup
80 ml neutrales Pflanzenöl (z. B. Maiskeimöl)
75 g kernige Haferflocken
60 ml Hafermilch
1 EL Zitronensaft
1 Pck. Bourbon-Vanillezucker
50 g Walnüsse, grob gehackt
50 g vegane Zartbitterschokolade (mind. 60 % Kakaoanteil), grob gehackt

Außerdem
ca. 1 EL Zimtzucker zum Bestreuen

1. Den Backofen auf 180 °C (Ober-/Unterhitze) vorheizen und eine Kastenform mit Backpapier auslegen.

2. Mehl, Backpulver, Zimt, Natron und Salz vermischen. Bananen im Standmixer pürieren oder mit einer Gabel zerdrücken. Dann mit Sirup, Öl, Haferflocken, Hafermilch, Zitronensaft und Vanillezucker verquirlen. Die Mehlmischung nur kurz unterrühren. Walnüsse und Schokolade grob unterheben.

3. Den Teig in die Form füllen, glatt streichen und mit Zimtzucker bestreuen. Das Bananenbrot ca. 50 Min. backen und die Stäbchenprobe machen. Aus dem Ofen nehmen und auf einem Gitter abkühlen lassen.

Vegane Marmorküchlein mit Kirschen

Man sollte es nicht meinen, aber die Kombination von Schokolade und Früchten polarisiert. So ging es uns zumindest bei Marmorkuchen: Während ich das Zusammenspiel im Fall von Kirschen sehr gerne mag, verzichtet Yelda lieber auf die Zugabe. Für dieses Rezept funktionieren beide Varianten sehr gut.

Für 6 Mini-Kastenformen (11 × 6 cm)
Zubereiten: 30 Min.
Backen: 30 Min.

250 g Weizenmehl Type 405
50 g Speisestärke
2 geh. TL Weinsteinbackpulver
1 Msp. Natron
1 Prise Salz
180 g Rohrohrzucker
100 ml neutrales Pflanzenöl (z. B. Maiskeimöl)
100 ml Mandel- oder Hafermilch
2 Pck. Bourbon-Vanillezucker
½ TL Abrieb und 1 TL Saft von 1 Bio-Zitrone
100 ml Sprudelwasser
2 EL ungesüßtes Kakaopulver
2–3 EL starker Espresso
ca. 150 g Schattenmorellen (aus dem Glas), gut abgetropft

Außerdem
Öl für die Förmchen (optional)
100 g vegane Zartbitter-Kuvertüre, fein gehackt
100 ml Mandel- oder Hafermilch

1. Den Backofen auf 175 °C (Ober-/Unterhitze) vorheizen. Sechs Mini-Kastenformen mit Backpapier auslegen oder fetten.

2. Mehl, Stärke, Backpulver, Natron und Salz vermischen. Zucker, Öl, Pflanzenmilch, ein Päckchen Vanillezucker, Zitronenabrieb und -saft verquirlen, bis sich der Zucker aufgelöst hat. Dann das Sprudelwasser unterrühren. Die Mehlmischung nur kurz untermischen. Die Hälfte des Teiges abnehmen und mit Kakao und Espresso verrühren. In den hellen Teig das zweite Päckchen Vanillezucker mischen.

3. Die Teige nun abwechselnd in die Förmchen füllen: zuerst 1½ EL heller Teig, dann 1½ EL dunkler Teig. Jeweils ca. sechs Kirschen auf den Teig setzen. Danach 1 EL hellen und zum Schluss 1 EL dunklen Teig daraufgeben. Mit einem Löffelstiel behutsam ein paar Schlieren durch die Teigschichten ziehen, aber nicht zu viele. Die Küchlein in ca. 30 Min. goldbraun backen. Aus dem Ofen nehmen und auf einem Gitter abkühlen lassen.

4. Kuvertüre in ein Schälchen geben. Pflanzenmilch erhitzen, bis am Topfrand Bläschen erscheinen, dann auf die Kuvertüre gießen. Alles ca. 3 Min. ruhen lassen, dann verrühren, bis sich die Schokolade vollständig aufgelöst hat und die Glasur etwas dickflüssig ist. Die Küchlein damit beträufeln und auskühlen lassen.

Walnusskuchen mit Kardamom und Mokka-Glasur

Es erfordert äußerste Zurückhaltung von mir, nicht jedem zweiten Rezept Kardamom hinzuzufügen. Ich liebe ihn wirklich sehr. Doch in keinem anderen der in diesem Buch versammelten Kuchen ist Kardamom so zu Hause wie in diesem, denn im Zusammenspiel mit kraftvollen Partnern wie Walnüssen, braunem Zucker und seinem guten, alten Freund Mokka beginnt sein Aroma zu tanzen!

Für 1 Kranz- oder Napfkuchenform (ca. 20 cm Ø)
Zubereiten: 40 Min.
Backen: 1 Std. 10 Min.

12 Kardamomkapseln (alternativ 1 TL gemahlener Kardamom)
225 g Weizenmehl Type 405
75 g Weizen-Vollkornmehl
1 TL Espressopulver
1 TL Weinsteinbackpulver
½ TL Natron
¼ TL Salz
150 g Walnüsse, grob gehackt
120 g Butter
270 g brauner Zucker
250 g Joghurt
1 Ei

Für die Glasur
50 g Zucker
35 ml Mokka oder Espresso
50 g Puderzucker

Außerdem
Butter und Semmelbrösel für die Form

1. Den Backofen auf 175 °C (Ober-/Unterhitze) vorheizen. Eine kleine Kranz- oder Napfkuchenform sehr gründlich fetten und mit Semmelbröseln ausstreuen.

2. Kardamomkapseln öffnen und die Samen in einem Mörser fein zerstoßen. Mehlsorten, Espresso- und Backpulver, Kardamom, Natron und Salz vermischen. Walnüsse und Butter in einem Topf erhitzen und 3–5 Min. köcheln lassen, bis die Butter gebräunt ist. Durch ein Sieb in eine Schüssel abgießen. Die Nüsse gut abtropfen lassen, dann beiseitestellen. Butter mit Zucker, Joghurt und Ei verquirlen. Die Mehlmischung nur kurz mit einem Silikonspatel unterrühren. Dann die Walnüsse grob unterheben.

3. Den Teig in die Form füllen. Den Kuchen 1 Std.–1 Std. 10 Min. backen und die Stäbchenprobe machen. Aus dem Ofen nehmen und 10 Min. ruhen lassen. Auf ein Gitter stürzen und auskühlen lassen.

4. Für die Glasur Zucker in einem kleinen Topf bei schwacher Hitze goldbraun karamellisieren (nicht umrühren!). Er darf recht dunkel werden. Kaffee langsam und vorsichtig einrühren und 2 Min. köcheln lassen. Vom Herd nehmen und abkühlen lassen. Puderzucker in ein Schälchen sieben und mit Kaffee-Sirup glatt verrühren. Den Kuchen damit glasieren.

Vegane Brownies

Das Tolle an diesen Brownies von Yelda ist, dass sie trotz ihrer veganen Rezeptur die klassische Zuckerschicht haben und diese beim Anschneiden leicht bricht. Sie sind also außen kross und innen schön fudgy. Aquafaba ist das Wasser, das beim Kochen von Kichererbsen entsteht. Die Flüssigkeit besitzt viel Protein, weshalb sie sich genauso gut wie Eiweiß aufschlagen lässt. Man kann entweder abgepacktes Aquafaba aus dem Tetra Pak verwenden oder einfach die Flüssigkeit von Kichererbsen aus der Dose.

Für ca. 16 Stück
Zubereiten: 25 Min.
Backen: 45 Min.

150 ml Aquafaba
225 g Zucker
150 g vegane Margarine im Block, grob gewürfelt
250 g vegane Zartbitterschokolade (mind. 60 % Kakaoanteil), grob gehackt
225 g Weizenmehl Type 405
65 g ungesüßtes Kakaopulver
1 TL Backpulver
¾ TL Natron
½ TL Salz

Außerdem
evtl. Öl oder Margarine für die Form
150 g vegane Zartbitterschokolade (mind. 60 % Kakaoanteil), fein gehackt (alternativ 2–3 EL Kakao-Nibs)
Meersalzflocken zum Bestreuen (optional)

1. Den Backofen auf 160 °C (Ober-/Unterhitze) vorheizen und eine quadratische Backform (20 × 20 cm) mit Backpapier auslegen. Die Ecken fetten, sollten sie frei liegen.

2. Aquafaba mit der Küchenmaschine in ca. 5 Min. schaumig schlagen (alternativ mit dem Rührgerät). Zucker nach und nach einrieseln lassen und alles zu einem festen »Eischnee« schlagen. Die Masse sollte dick, glänzend und fluffig sein. Manchmal kann das noch weitere 10 Min. dauern. Einfach dranbleiben!

3. Währenddessen in einem kleinen Topf Margarine und Schokolade bei geringer Hitze schmelzen, beiseitestellen und abkühlen lassen. Dann zum Schnee geben und mit einem Silikonspatel vorsichtig unterrühren. Mehl, Kakao, Backpulver und Natron daraufsieben und ebenfalls unterheben, bis sich alles gerade eben verbindet.

4. Den Teig in die Form geben und glatt streichen. Gehackte Schokolade darauf verteilen und das Ganze 45 Min. backen. Bei der Stäbchenprobe sollten ein paar feuchte Krümel am Stäbchen zurückbleiben. Werden die Brownies zu lange gebacken, sind sie nach dem Abkühlen zu trocken. Aus dem Ofen nehmen, abkühlen lassen und in Quadrate schneiden. Optional mit Meersalzflocken bestreuen.

TIPP
Für den perfekten Anschnitt empfiehlt es sich, die Brownies erst noch im Kühlschrank auskühlen zu lassen.

Vegane Baklava

Wer kennt und liebt sie nicht? Aber wer hat schon Zeit und Lust, stundenlang Teig auszurollen, der so dünn sein soll, dass man sogar eine Zeitung darunter lesen könnte? Denn für Baklava wird Yufkateig benötigt, der sogar dünner ist als Strudelteig. Man findet ihn zum Glück aber auch fertig im Kühlregal türkischer Supermärkte. Yeldas Tipp für ihr Baklava-Rezept: Achtet darauf, dass ihr den dünnen kauft, auf dem »für Baklava« steht.

Für 1 Backform (30 × 20 x 4 cm)
Zubereiten: 25 Min.
Backen: 35 Min.

Für die Baklava

- 250 g vegane Margarine im Block
- 450–500 g Yufkateig für Baklava (je nach Packungsgröße)
- ca. 250 g Walnüsse, ganz fein gehackt
- ca. 250 g Pistazien, ganz fein gehackt

Für den Sirup

- 200 g Zucker
- 50 g Agavendicksaft (alternativ Ahornsirup für eine weitere Geschmackskomponente)
- Saft und Abrieb von 1 Bio-Orange
- 1 Zimtstange

1. Den Backofen auf 180 Grad (Ober-/Unterhitze) vorheizen. Für die Baklava Margarine in einem Topf schmelzen und bei sehr schwacher Hitze warm halten.

2. Teigblätter entrollen und in der Mitte halbieren (sie sollten dann ca. 20 × 30 cm groß sein, je nach Marke variiert die Größe, ggf. der Form anpassen). Eine Backform mit geschmolzener Margarine auspinseln. Fünf Teigblätter nach und nach hineinlegen, jede Schicht mit Margarine bestreichen. Mit Walnüssen bestreuen, bis das oberste Teigblatt komplett bedeckt ist. Weitere fünf Blätter einschichten und jeweils mit Margarine bestreichen. Diesmal mit Pistazien bestreuen. Das Schichten wiederholen, bis die Teigblätter komplett aufgebraucht sind.

3. Die Schichten mit einem scharfen Messer in Rauten oder Quadrate schneiden, dabei darauf achten, dass jede Schicht wirklich durchgeschnitten wird. Eventuell übrig gebliebene Margarine in die Form geben. Die Baklava in 30–35 Min. goldbraun backen. Wenn sie zu schnell braun wird, die Temperatur auf 170 °C reduzieren.

4. Währenddessen für den Sirup alle Zutaten mit 300 ml Wasser in einem Topf zum Kochen bringen. Bei mittlerer Hitze in 15 Min. um zwei Drittel einkochen. Sobald die Baklava aus dem Ofen kommt, den heißen Sirup darübergeben und die Ecken und Kanten nicht vergessen. Es ist wichtig, dass sowohl Sirup als auch Baklava dabei heiß sind, damit die Baklava am Boden nicht matschig wird. Komplett auskühlen lassen.

TIPP
Wer mag, kann statt der Walnüsse ausschließlich Pistazien verwenden oder umgekehrt.

Saftiger Mirabellenkuchen mit Marzipanstreuseln

Von allen Steinfrüchten sind mir Mirabellen die liebsten: klein, süß und toll aromatisch. Dieser Kuchen schmeckt mit frischen Früchten besonders gut, aber außerhalb der Saison können auch Mirabellen aus dem Glas verwendet werden. Die sind allerdings etwas weicher und sollten nur behutsam unter den Teig gehoben werden.

Für 1 Kastenform (25 × 11 cm)
Zubereiten: 30 Min.
Backen: 1 Std.

Für die Streusel
125 g Marzipanrohmasse, grob gerieben
60 g Weizenmehl Type 405
35 g Zucker
40 g weiche Butter
einige Tropfen Bittermandelaroma (optional)
40 g Mandelblättchen

Für den Kuchenteig
350 g Mirabellen
280 g Weizenmehl Type 405
1 TL Weinsteinbackpulver
½ TL Natron
1 Prise Salz
150 g weiche Butter
150 g Rohrohrzucker
4 Eier
100 g Buttermilch
Abrieb von ½ Bio-Orange

Außerdem
Butter und Mehl für die Form
2 EL Weizenmehl für die Mirabellen

1. Für die Streusel Marzipan, Mehl, Zucker, Butter und Bittermandelaroma mit den Fingern zu Streuseln verarbeiten. Mandelblättchen kurz untermischen und die Streusel bis zur Verwendung kalt stellen.

2. Den Backofen auf 170 °C (Ober-/Unterhitze) vorheizen. Eine Kastenform fetten und mit Mehl ausstreuen.

3. Für den Kuchenteig Mirabellen entsteinen, je nach Größe halbieren oder vierteln und mit 2 EL Mehl bestäuben. Mehl, Backpulver, Natron und Salz vermischen. Butter und Zucker hell-cremig aufschlagen.
Eier nacheinander zugeben und jeweils 1 Min. unterrühren. Die Mehlmischung abwechselnd mit Buttermilch nur kurz unterrühren. Orangenabrieb einrühren und zum Schluss Mirabellen unterheben.

4. Den Teig in die Form füllen und mit Streuseln bestreuen. Den Kuchen in ca. 1 Std. goldgelb backen. Eventuell nach ca. 40 Min. mit Backpapier abdecken. Die Stäbchenprobe machen. Aus dem Ofen nehmen, kurz ruhen lassen und aus der Form lösen. Den Kuchen auf einem Gitter vollständig abkühlen lassen.

Mandelkuchen mit Lavendel

Bezüglich der Lavendelmenge für diesen Mandelkuchen gehen in unserer Familie die Meinungen auseinander: Während einige ein sehr zartes Aroma bevorzugen (ein bis zwei Lavendelzweige), mögen es andere intensiv. Am besten tastet man sich heran, denn der Kuchen zieht noch mal gut durch und der Lavendel kommt mit der Zeit etwas stärker durch.

Für 1 Springform (24 cm Ø)
Zubereiten: 20 Min.
Backen: 50 Min.

3–4 Zweige Lavendel
180 g Rohrohrzucker
Abrieb von 1 Bio-Zitrone
5 Eier
40 g Lavendelhonig
350 g gemahlene Mandeln
30 g Polenta (alternativ gemahlene Mandeln)
1 Prise Salz
Saft von ½ Zitrone

Außerdem
Butter und Mehl für die Form
Puderzucker zum Bestäuben
1–2 Zweige Lavendel zum Garnieren (optional)
Crème fraîche zum Servieren

1. Den Backofen auf 170 °C (Ober-/Unterhitze) vorheizen und eine Springform fetten und mit Mehl ausstreuen.

2. Lavendelblüten abzupfen und fein hacken. Zusammen mit Zucker und Zitronenabrieb mit den Fingern verreiben, damit sich das Aroma verteilt. Eier zugeben und alles verquirlen, bis sich der Zucker aufgelöst hat. Dann Honig einrühren. Mandeln, Polenta und Salz vermischen und esslöffelweise unterquirlen. Zum Schluss den Zitronensaft untermischen.

3. Den Teig in die Form füllen und 50 Min. backen. Den Ofen ausschalten und den Kuchen darin auskühlen lassen. Anschließend aus dem Ofen nehmen und aus der Form lösen. Mit Puderzucker bestäuben und optional mit Lavendel garnieren. In Tortenstücke oder Rauten schneiden und mit Crème fraîche servieren.

TIPP
Wer Lavendel nicht so gerne mag, kann den saftigen Kuchen stattdessen mit dem Abrieb einer Bio-Orange oder etwas Rosenwasser aromatisieren.

Veganer Kürbiskuchen

Ein leckerer Kuchen von Yelda, der in Windeseile auf dem Tisch steht. Für das Kürbispüree kann man entweder selbst Kürbis im Ofen rösten und anschließend pürieren oder auch zu einem ungesüßten aus der Dose greifen. Beides funktioniert hervorragend!

Für 1 Springform (22 cm Ø)
Zubereiten: 15 Min.
Kühlen: 30 Min.
Backen: 55 Min.

Für die Mehlmischung
150 g Weizenmehl Type 405
50 g Speisestärke
2 gestr. TL gemahlener Zimt
½ TL geriebene Muskatnuss
½ TL gemahlener Ingwer
¼ TL gemahlener Kardamom
1 Msp. gemahlener Piment
1 Msp. gemahlene Gewürznelken
1 TL Backpulver
½ TL Natron
½ TL Salz

Für die feuchte Mischung
250 g Zucker
135 ml neutrales Pflanzenöl (z. B. Maiskeimöl)
1 TL Bourbon-Vanillezucker
250 g ungesüßtes Kürbispüree (aus der Dose oder siehe Tipp)
180 g vegane Zartbitterschokolade (mind. 60 % Kakaoanteil), grob gehackt

Außerdem
Öl für die Form
2 EL Kürbiskerne zum Bestreuen
2 EL Zucker zum Bestreuen

1. Den Backofen auf 180 °C (Ober-/Unterhitze) vorheizen. Eine Springform fetten, den Boden mit Backpapier auslegen.

2. Die Zutaten für die Mehlmischung vermischen. Für die feuchte Mischung Zucker und Öl verquirlen. Vanillezucker und Kürbispüree unterrühren. Die Mehlmischung nur kurz unterrühren. Die Schokolade unterheben, bis sie gleichmäßig im Teig verteilt ist.

3. Für die Creme alle Zutaten kurz glatt verrühren. Den Tarteboden mit einem Tortenring umschließen und die Masse darauf verstreichen. Die Tarte für 30 Min. kalt stellen.

4. Den Teig in die Form füllen. Kürbiskerne und zuletzt 2 EL Zucker darüberstreuen. Den Kuchen 50–55 Min. backen. Die Stäbchenprobe machen. Das Stäbchen sollte mit ein paar feucht-schokoladigen Krümeln herauskommen. Wenn der Kuchen zu braun wird, mit Backpapier abdecken. Aus dem Ofen nehmen, 15 Min. ruhen lassen und den Springformrand lösen. Den Kuchen auf einem Gitter vollständig abkühlen lassen.

TIPP
Für selbst gemachtes Kürbispüree 350 g Kürbis entkernen, in Scheiben schneiden und auf einem Blech verteilt bei 200 °C ca. 25 Min. rösten. Mit einem Kartoffelstampfer fein zerkleinern.

Orangenkuchen mit Pistazien

Das ist ein Kuchen für die ganz großen Orangen-Lover: Für den Teig werden die Früchte gegart und dann vollständig, also auch mit den weißen Schalenteilen, püriert. Direkt nach dem Backen ist der Geschmack sehr intensiv und der Kuchen recht fluffig, aber wenn er ein wenig ruhen durfte, schmeckt er wunderbar aromatisch und bekommt eine tolle, saftige Textur.

Für 1 Springform (24 cm Ø)
Zubereiten: 30 Min.
Kochen (Orangen): 1 Std.
Backen: 45 Min.

2 mittelgroße Bio-Orangen
50 g Pistazien, geröstet (ungesalzen)
200 g gemahlene blanchierte Mandeln
100 g feine Polenta
1 TL Weinsteinbackpulver
¼ TL gemahlener Ingwer
4 Eier
230 g brauner Zucker
1 TL Orangenblütenwasser (optional)

Außerdem
1–2 EL gehackte Pistazien zum Bestreuen

1. Orangen gründlich waschen, im Ganzen in einen Topf geben und mit Wasser bedecken. Aufkochen und abgedeckt 20 Min. köcheln lassen. Das Wasser abgießen, Orangen mit frischem Wasser bedeckt aufkochen und weitere 40 Min. köcheln lassen. Anschließend abgießen und etwas abkühlen lassen.

2. Den Backofen auf 175 °C (Ober-/Unterhitze) vorheizen und eine Springform mit Backpapier auslegen. Pistazien im Blitzhacker oder Standmixer fein mahlen und mit Mandeln, Polenta, Backpulver und Ingwer vermischen. Orangen grob zerschneiden und Kerne entfernen. Die Früchte mitsamt Schale im Mixer pürieren und 350 g Püree abwiegen. Eier und Zucker verquirlen, bis sich der Zucker aufgelöst hat. Orangenpüree und Orangenblütenwasser unterrühren. Die Polenta-Mischung löffelweise unterrühren.

3. Den Teig in die Form füllen. Den Kuchen ca. 45 Min. backen. Eventuell nach 35 Min. mit Backpapier abdecken, falls er zu dunkel wird. Aus dem Ofen nehmen und nahezu vollständig abkühlen lassen. Dann den Kuchen auf eine Servierplatte setzen und mit gehackten Pistazien bestreuen.

TIPP
Dazu schmeckt ein Klecks Crème fraîche sehr lecker. Wer mag, kann außerdem etwas Honig (z. B. Orangenblütenhonig) über Kuchen und Crème träufeln.

Lieblings-Schokokuchen mit Zartbitter-Ganache

Im Gegensatz zum fast cremigen Schokokuchen mit Tahini-Karamell-Creme (siehe Seite 166) ist dieser hier weich und fluffig, ein wahres Schokowölkchen. Der geringe Aufwand macht ihn zum Paradestück für Freunde des unkomplizierten Backens.

Für 1 Springform (26 cm Ø)
Zubereiten: 40 Min.
Backen: 40 Min.

Für den Kuchen
125 g Zartbitterschokolade (mind. 60 % Kakaoanteil), gehackt
175 g Weizenmehl Type 405
25 g ungesüßtes Kakaopulver
1 TL Weinsteinbackpulver
125 g weiche Butter
180 g brauner Zucker
1 Msp. Salz
4 Eier
1 Eigelb
100 g Schlagsahne

Für die Ganache
150 g Zartbitterschokolade (mind. 60 % Kakaoanteil), fein gehackt
150 g Schlagsahne

Außerdem
Butter und Kakaopulver oder Mehl für die Form

1. Den Backofen auf 180 °C (Ober-/Unterhitze) vorheizen und eine Springform fetten und dünn mit Kakao oder Mehl ausstreuen.

2. Für den Kuchen Schokolade über dem warmen Wasserbad schmelzen. Mehl, Kakao und Backpulver vermischen. Butter, Zucker und Salz hellcremig aufschlagen. Eier und Eigelb nacheinander zugeben und jeweils 1 Min. unterrühren. Zuerst die Sahne unterrühren, dann die Schokolade. Zum Schluss die Mehlmischung nur kurz untermischen, bis keine Mehlspuren mehr zu sehen sind.

3. Den Teig in die Form füllen und glatt streichen. Den Kuchen auf der unteren Schiene 35–40 Min. backen und die Stäbchenprobe machen. Aus dem Ofen nehmen und auf einem Gitter abkühlen lassen.

4. Für die Ganache Schokolade in ein Schälchen geben. Sahne erhitzen, bis am Topfrand Bläschen erscheinen, dann auf die Schokolade gießen. Alles 3–5 Min. ruhen lassen, dann verrühren, bis sich die Schokolade vollständig aufgelöst hat. Abgedeckt auf Zimmertemperatur abkühlen lassen. Den Kuchen damit bestreichen und zeitnah servieren.

TIPP
Der Schokokuchen lässt sich (ohne Ganache) problemlos einfrieren.

Kinderleichter Vanillekuchen

Inspiriert von einem Kinderbuch, in dem ein gewisser Kasimir einen Geburtstagskuchen backt, nennen wir diesen Kuchen »Kasimirkuchen«. Mittlerweile steht er an jedem Geburtstag auf dem Tisch. Alle Kinder, die ich kenne, mögen den klassischen Vanille-Geschmack und die Möglichkeit, sich dekomäßig darauf auszutoben. Und ich schätze ihn, weil er im Handumdrehen fertig ist, auch nach zwei Tagen noch schmeckt und sich gut variieren und auch wunderbar einfrieren lässt. Happy Backfee, happy Geburtstag!

Für 1 Springform (24 cm Ø)
Zubereiten: 15 Min.
Backen: 30 Min.

200 g Weizenmehl Type 405
1 TL Weinsteinbackpulver
1 Prise Salz
2 Eier
170 g Rohrohrzucker
2 Pck. Bourbon-Vanillezucker
125 ml Milch
80 g zerlassene Butter

Für den Guss
150 g Puderzucker
1–2 EL Zitronensaft oder Milch

Außerdem
Butter und Semmelbrösel für die Form
buntes Zuckerkonfetti

1. Den Backofen auf 175 °C (Ober-/Unterhitze) vorheizen und eine Springform fetten und mit Semmelbröseln ausstreuen.

2. Mehl, Backpulver und Salz vermischen. Eier mit Zucker und Vanillezucker hell-cremig und luftig aufschlagen. Milch und Butter unterrühren. Dann die Mehlmischung nur kurz unterquirlen.

3. Den Teig in die Form füllen und glatt streichen. Den Kuchen auf der unteren Schiene in ca. 30 Min. goldbraun backen. Aus dem Ofen nehmen und auf einem Gitter auskühlen lassen.

4. Für den Guss Puderzucker mit Zitronensaft oder Milch glatt verrühren und auf dem Kuchen verteilen. Mit Zucker-Konfetti verzieren und trocknen lassen.

Variante mit Zitrusfrüchten:
Zum Teig 2 EL Saft und 1 TL Abrieb von unbehandelten Orangen, Mandarinen, Zitronen oder Limetten geben. Den Guss mit dem entsprechenden Saft zubereiten. Zum Garnieren sind frische Beeren toll, z. B. in der Kombination Limette-Himbeere oder Zitrone-Erdbeere.

Variante mit Himbeer-Frosting:
Den Teig 18–20 Min. in Muffin- oder Mini-Muffin-Förmchen backen. Dann 25 g gefriergetrocknete Himbeeren mit 100 g Puderzucker im Standmixer zermahlen und mit 400 g Doppelrahmfrischkäse aufschlagen. Auf die abgekühlten Muffins streichen oder spritzen. Frische Beeren auf die Creme setzen. Ergibt 12 Muffins bzw. 24 Mini-Muffins.

Cherry Pie

Süß-saure Kirschen in knuspriger Teighülle, dazu noch ein Platz unter dem Sonnenschirm, und der Sommer zeigt sich von der besten Seite. Dieser Kuchen ist schnell fertig, allein das Weben der Oberfläche braucht ein Weilchen.

Für 1 Pie-Form (22–23 cm Ø)
Zubereiten: 50 Min.
Kühlen: 2 Std. 10 Min.
Ruhen: 10 Min.
Backen: 40 Min.

Für den Teig
170 g kalte Butter, gewürfelt
150 g Weizenmehl Type 405
75 g Weizen-Vollkornmehl
20 g Zucker
¾ TL Salz
60 ml eiskaltes Wasser

Für die Füllung
650 g Sauerkirschen (alternativ 600 g TK-Sauerkirschen, unaufgetaut)
170 g Zucker
½ EL Zitronensaft
40 g Speisestärke
¼ TL gemahlener Zimt
¼ TL gemahlener Kardamom
1 Prise Salz
½ TL Bittermandelaroma (optional)

Außerdem
Butter oder Öl für die Form
Mehl zum Arbeiten
1 Ei, verquirlt
2–3 EL grober brauner Zucker

1. Für den Teig Butter für 10 Min. ins Gefrierfach stellen (nicht länger). Mehl, Zucker, Salz und Butter zu feinen Streuseln hacken. Mit dem Wasser kurz verkneten. Zu zwei Scheiben formen, in Frischhaltefolie einschlagen und für 2 Std. kalt stellen.

2. Für die Füllung Kirschen entsteinen. In einem Topf mit 85 g Zucker und Zitronensaft köcheln lassen, bis der Saft austritt. Restlichen Zucker, Stärke, Zimt, Kardamom und Salz mischen und zugeben. Alles 1–2 Min. köcheln lassen, bis die Masse andickt. Vom Herd nehmen und optional Mandelaroma unterrühren. Den Backofen auf 190 °C (Ober-/Unterhitze) vorheizen und eine Pie-Form fetten.

3. Den Teig 10 Min. ruhen lassen. Eine Scheibe auf der bemehlten Arbeitsfläche 3 mm dünn ausrollen und in die Form legen. Den Teig nicht ziehen, sondern behutsam von unten »hineinheben«. Erst dann die Ränder andrücken. Überstehenden Teig mit einer Schere kürzen, sodass er ca. 2,5 cm überhängt. Die Form kalt stellen. Die zweite Teigplatte 3–4 mm dünn ausrollen. Mit einem Ravioli-Rädchen oder einem großen Messer in 3 cm breite Streifen schneiden.

4. Füllung auf dem Teigboden verteilen. Rand mit Ei bestreichen. Die Hälfte der Streifen mit Abstand zueinander auf die Füllung legen. In der Mitte jeden zweiten Streifen nach oben umklappen. Einen weiteren Streifen horizontal über den Kuchen legen und die nach oben gebogenen Teigstreifen darüberklappen. Die Streifen nach oben schlagen, die soeben nicht bewegt wurden. Einen weiteren Teigstreifen darüberlegen und die Streifen darüberklappen. Diese Technik bis zum Rand wiederholen. Den Kuchen um 180 Grad drehen und das Gitter vervollständigen. Überstehende Streifen kürzen. Die Teigränder nach außen umlegen, sodass der Rand aus einer doppelten Teigschicht besteht. Diese muss nun etwas gekniffen werden. Dafür Zeigefinger und Daumen der rechten Hand von innen gegen den Teigrand drücken, während der Daumen der linken Hand den Teig in die Lücke dazwischen drückt.

5. Den Teig mit Ei bestreichen und mit braunem Zucker bestreuen. Den Pie auf einem Rost in ca. 40 Min. goldbraun backen. Aus dem Ofen nehmen und ca. 1 Std. abkühlen lassen. Warm oder kalt servieren.

Blondies mit gebräunter Butter und Macadamias

Diese Blondies sind ganz gefährlich. Kommen erst so unschuldig daher, und dann, zack, ist das ganze Blech weggenascht. Schlimm, schlimm ... Voraussetzung für die Unwiderstehlichkeit ist die weiche Konsistenz des Gebäcks, also unbedingt nur so lange backen, bis die Ränder leicht gewölbt und trocken sind.

Für ca. 16 Stück
Zubereiten: 20 Min.
Backen: 25 Min.

130 g Butter
170 g Weizenmehl Type 405
½ TL Weinsteinbackpulver
½ TL Salz
180 g brauner Zucker
60 g Zucker
2 Eier
1 Eigelb
2 TL Vanilleextrakt
120 g Macadamianüsse, grob gehackt
60 g weiße Schokolade, grob gehackt

1. Den Backofen auf 175 °C (Ober-/Unterhitze) vorheizen und eine Backform oder Auflaufform (24 × 20 cm) mit Backpapier auslegen.

2. Butter in einem Topf zerlassen und bei schwacher Hitze 5–7 Min. erhitzen, bis sie goldbraun ist. In eine Schüssel gießen und lauwarm abkühlen lassen.

3. Mehl, Backpulver und Salz vermischen. Beide Zuckersorten zur Butter geben und alles 2 Min. verquirlen. Eier und Eigelb 2 Min. unterrühren. Vanilleextrakt untermischen. Die Mehlmischung nur kurz unterrühren. Zwei Drittel der Nüsse grob unterheben.

4. Den Teig in die Form füllen, mit restlichen Macadamias und Schokolade bestreuen und ca. 25 Min. backen. Der Teig wird an den Rändern etwas ansteigen und fest werden, darf aber in der Mitte nicht vollständig durchgebacken sein, sonst werden die Blondies nach dem Abkühlen zu fest. Aus dem Ofen nehmen, abkühlen lassen und in Quadrate schneiden.

Birnen-Haselnuss-Kuchen

Ein Kuchen wie ein neuer Winterpullover: weich und wärmend, fluffig und gemütlich. Gleichzeitig verleihen die fein geschnittenen, leicht aromatisierten Birnen dem an sich rustikalen Gebäck ein wenig Anmut und sorgen durch ihre Saftigkeit dafür, dass es auch nach ein paar Tagen noch eine gute Figur macht.

Für 1 Springform (26 cm Ø)
Zubereiten: 40 Min.
Ziehen: 20 Min.
Backen: 1 Std. 10 Min.

Für den Kuchen
200 ml Birnensaft
2 Sternanis
1 Zimtstange
750 g feste Birnen (je nach Größe 4–6 Stück)
250 g Dinkelmehl Type 630
100 g gemahlene Haselnüsse
100 g gemahlene Mandeln
3 TL Weinsteinbackpulver
1½ EL ungesüßtes Kakaopulver
1 TL gemahlener Zimt
1 Prise Salz
250 g weiche Butter
250 g Rohrohrzucker
70 g brauner Zucker
1 Pck. Bourbon-Vanillezucker
6 Eier
100 ml Milch

Für den Belag
2–3 kleine Birnen
2 EL Haselnussblättchen (alternativ gehackte Haselnüsse)

Außerdem
Butter und Semmelbrösel für die Form
Puderzucker zum Bestäuben (optional)

1. Für den Kuchen Birnensaft mit Sternanis und Zimtstange abgedeckt bei schwächster Hitze 10 Min. köcheln lassen. Birnen schälen und in den Topf geben. Im Saft 5 Min. köcheln lassen, dabei zwischendurch wenden. Vom Herd nehmen und 10 Min. ziehen lassen. Herausnehmen, abtropfen lassen, vierteln und das Kerngehäuse entfernen. Fruchtfleisch in Würfel schneiden (ca. 1,5 cm breit) und in ein Sieb geben.

2. Birnensaft erneut aufkochen. Birnen für den Belag vierteln und das Kerngehäuse entfernen. Saft vom Herd nehmen, die Birnen hineinlegen und 10 Min. ziehen lassen. Herausnehmen und abtropfen lassen. Den Backofen auf 180 °C (Ober-/Unterhitze) vorheizen und eine Springform fetten und mit Semmelbröseln ausstreuen.

3. Mehl mit Haselnüssen, Mandeln, Backpulver, Kakao, Zimt und Salz vermischen. Butter, Zuckersorten und Vanillezucker hell-cremig aufschlagen. Eier nacheinander zugeben und jeweils 1 Min. unterrühren. Die Mehlmischung nur kurz unterrühren. Milch und 5 EL des Birnensafts untermischen. Zum Schluss Birnenwürfel unterheben.

4. Den Teig in die Form füllen und glatt streichen. Die Birnen für den Belag leicht schräg in feine Spalten schneiden, sodass sie an der Spitze noch zusammenhängen. Fächerförmig auf dem Teig anordnen. Den Kuchen mit Haselnussblättchen bestreuen und ca. 1 Std.–1 Std. 10 Min. backen. Die Stäbchenprobe machen. Aus dem Ofen nehmen und in der Form abkühlen lassen. Auf eine Kuchenplatte setzen und optional mit Puderzucker bestäubt servieren.

TIPP
Für die Express-Version können die Birnen auch roh verwendet werden, das Pochieren entfällt also. Es werden dann allerdings 5 EL Birnen- oder Apfelsaft für den Teig gebraucht.

AUF DIE HAND

KLEINES GEBÄCK
FÜR ZWISCHENDURCH

Lütticher Waffeln mit Zimtkirschen

Für Lütticher Waffeln wird traditionell Perlzucker verwendet, dessen grobe Körnung dafür sorgt, dass er sich nicht im nahezu ungesüßten Teig auflöst, sondern während des Backens karamellisiert. Leider ist er bei uns kaum erhältlich, aber als Ersatz eignet sich Hagelzucker gut.

Für 4 Portionen
Zubereiten: 45 Min.
Gehen: 1 Std. 20 Min.
Backen: 12 Min.

Für den Teig
250 g Weizenmehl Type 405
2 Pck. Bourbon-Vanillezucker
¼ TL Salz
¼ TL gemahlener Zimt
10 g frische Hefe (ca. ¼ Würfel)
100 ml Milch, lauwarm erhitzt
1 Ei
125 g weiche Butter
85 g Perlzucker (alternativ Hagelzucker)

Für die Zimtkirschen
350 g Schattenmorellen (aus dem Glas)
1½ TL Speisestärke
2 Sternanis
1 Zimtstange

1. Für den Teig Mehl, Vanillezucker, Salz und Zimt vermischen. Hefe in der Milch auflösen. Mit Ei zur Mehlmischung geben und alles 5–10 Min. verkneten. Butter nach und nach zugeben und den Teig weitere 10 Min. kneten. Abgedeckt bei Zimmertemperatur 1 Std. gehen lassen.

2. Nach der Gehzeit Perlzucker kurz unterkneten. Den Teig in acht Stücke teilen und zu Kugeln formen. Auf Backpapier setzen, mit einem Geschirrtuch abdecken und erneut 20 Min. gehen lassen.

3. Währenddessen für die Zimtkirschen Schattenmorellen in ein Sieb abgießen, den Saft auffangen und 150 ml abmessen. Stärke mit 3 EL Saft glatt verrühren. Restlichen Saft in einem Topf mit Sternanis und Zimt abgedeckt 5 Min. köcheln lassen. Schattenmorellen und Speisestärke zugeben und unter Rühren 1 Min. köcheln lassen. Gewürze entfernen.

4. Den Teig portionsweise in einem gut vorgeheizten Waffeleisen in ca. 3 Min. goldbraun backen. Die fertigen Waffeln auf einem Gitter leicht abkühlen lassen. Mit Zimtkirschen servieren (und über einen Klecks Schlagsahne beschwert sich bestimmt auch niemand).

Aprikosen-Mandel-Müsliriegel

Müsliriegel mag ich sehr gerne, denn sie bleiben lange lecker und halten Groß und Klein für ein Weilchen satt und bei Laune. Die Zutaten können variiert werden: Statt Aprikosen schmecken auch andere Trockenfrüchte wie z. B. getrocknete Sauerkirschen sehr gut, die Mandeln können durch Nüsse ergänzt oder ersetzt werden. Wichtig ist es, die Masse fest in die Form zu pressen und vor dem Schneiden vollständig auskühlen zu lassen, sonst wird es eher ein Granola – was aber auch lecker ist.

Für ca. 10 Stück
Zubereiten: 15 Min.
Rösten: 10 Min.
Backen: 35 Min.

- 150 g kernige Haferflocken
- 75 g Mandeln, grob gehackt
- 3 EL Kerne und Saaten (z. B. Kürbiskerne, Sonnenblumenkerne, Leinsamen …)
- 3 EL Mandelblättchen
- 1 EL Kokosraspel (ungesüßt)
- 70 g getrocknete Aprikosen, gehackt
- 50 g Honig
- 50 g brauner Zucker
- 50 g Butter
- Mark von 1 Vanilleschote
- ½ TL gemahlener Zimt
- ½ TL gemahlener Kardamom
- 1 Msp. Salz

1. Den Backofen auf 170 °C (Ober-/Unterhitze) vorheizen und eine Backform (20 × 20 cm) mit Backpapier auslegen.

2. Haferflocken und Mandeln auf einem mit Backpapier ausgelegten Backblech verteilen und 5 Min. rösten. Kerne, Saaten, Mandelblättchen und Kokosraspel untermischen und alles weitere 5 Min. rösten. Aus dem Ofen nehmen, in eine Schüssel füllen und die Aprikosen unterheben. Den Backofen nicht ausschalten.

3. Honig, Zucker und Butter in einem kleinen Topf unter Rühren schwach erhitzen, bis sich der Zucker aufgelöst hat. Vom Herd nehmen. Vanillemark, Zimt, Kardamom und Salz unterrühren. Alles zur Haferflockenmischung geben und gut vermengen.

4. Die Masse in die Form füllen, mit einer Lage Backpapier bedecken und fest flach drücken. Dann ca. 35 Min. backen. Aus dem Ofen nehmen und vollständig auskühlen lassen. Mit einem großen Messer in Riegel schneiden. Die Müsliriegel in einer Blechdose aufbewahren.

Pastéis de Nata – Portugiesische Puddingküchlein

Ich gebe mich gar nicht der Illusion hin, mit meinem Pastéis-Rezept an das portugiesische Original heranzukommen, und man möge mir die Abkürzung über gekauften Blätterteig verzeihen. Nehmen wir es eher als eine Verneigung in Richtung Algarve und als Trostpflaster, wenn die Portugal-Sehnsucht anklopft.

Für 12 Stück
Zubereiten: 50 Min.
Kühlen: 10 Min.
Backen: 10 Min.

Für die Füllung
300 ml Milch
30 g Weizenmehl Type 405
½ Vanilleschote, das Mark herausgekratzt
1 Prise Salz
160 g Zucker
4 Streifen Schale von 1 Bio-Zitrone
1 Zimtstange
5 Eigelb

Für den Teig
30 g sehr weiche Butter
¾ TL gemahlener Zimt
1 Rolle Blätterteig (275 g; aus dem Kühlregal)

Außerdem
Puderzucker und gemahlener Zimt zum Bestreuen

1. Für die Füllung Milch und Mehl in einem Topf mit einem Schneebesen gründlich verrühren. Vanillemark, -schote und Salz zugeben und alles unter Rühren ca. 5 Min. erhitzen, bis die Masse andickt. Vanilleschote entfernen.

2. In einem zweiten Topf Zucker, Zitronenschale, Zimtstange und 70 ml Wasser auf 100 °C erhitzen. In die Milchmischung einrühren und alles kurz köcheln lassen. Vom Herd nehmen und mit einem Schneebesen oder in der Küchenmaschine 10–15 Min. rühren, bis die Masse abgekühlt ist. Dann Eigelb einrühren und die Mischung in einen Messbecher füllen (so lässt sie sich gleich prima gießen).

3. Für den Teig Butter mit Zimt vermengen. Den Blätterteig entrollen und gleichmäßig mit der Zimtbutter bestreichen. Von einer kurzen Seite her eng aufrollen, in Backpapier wickeln und für 10 Min. in den Kühlschrank legen.

4. Den Backofen auf 260 °C (Umluft) vorheizen. Die Teigrolle in zwölf Schnecken schneiden. Diese in die Mulden einer Muffinform legen und mit den Daumen und Fingern so hineindrücken, dass der Teig sie dünn auskleidet und ein wenig übersteht.

5. Die Mulden zu drei Vierteln mit der Vanillemischung füllen und die Pastéis 8 Min. backen. Den Backofengrill anschalten und die Törtchen ca. 2 Min. weiterbacken, bis die Oberfläche die charakteristischen schwarzen Flecken bekommt. Aus dem Ofen nehmen und auf einem Gitter lauwarm abkühlen lassen. Mit Puderzucker und Zimt bestreut servieren.

Pekannuss-Knoten

Gedreht, gezwirbelt, geknotet: Verwickeltes Gebäck macht einfach Spaß beim Essen und sieht immer toll aus. Für diese Pekannuss-Knoten werden je drei Teigstreifen zu Zöpfen geflochten und eingerollt. Es ist also wirklich leichter, als die Rezeptlänge vermuten lässt. Und ich hoffe, die Zubereitung macht genauso viel Freude wie das Vernaschen!

Für 10 Stück
Zubereiten: 40 Min.
Ziehen: 10 Min.
Gehen: mind. 2½ Std.
Einweichen: 15 Min.
Backen: 20 Min.

Für den Teig
90 ml Milch (evtl. etwas mehr)
1 EL Chai-Tee (lose; ohne Schwarztee)
260 g Weizenmehl Type 550
40 g Rohrohrzucker
1 TL Trockenhefe
1 Pck. Bourbon-Vanillezucker
¼ TL Salz
1 Ei
1 Eigelb
60 g weiche Butter, in Würfeln

Für die Füllung
180 g Rosinen
70 g Pekannusskerne
75 g brauner Zucker
45 g weiche Butter
1½ TL gemahlener Zimt
½ TL Salz

Für die Glasur
40 g brauner Zucker
½ TL gemahlener Kardamom

Außerdem
Öl für die Schüssel und die Form
Mehl zum Arbeiten
1 Eiweiß zum Einstreichen

1. Für den Teig Milch mit Tee erhitzen. Vom Herd nehmen und 10 Min. ziehen lassen. Durch ein Sieb gießen und 80 ml abmessen. Eventuell mit Milch auffüllen.

2. Mehl, Zucker, Hefe, Vanillezucker und Salz vermischen. Lauwarme Milch mit Ei und Eigelb verquirlen und zum Mehl geben. Den Teig verkneten. Butter nach und nach einarbeiten. Den Teig auf die Arbeitsfläche geben und ca. 10 Min. kneten, bis er schön elastisch ist. Währenddessen kein zusätzliches Mehl zugeben, der Teig wird mit der Zeit nicht mehr kleben. Zur Kugel formen und in eine eingeölte Schüssel legen. Mit einem feuchten Geschirrtuch abgedeckt entweder über Nacht im Kühlschrank oder 2 Std. bei Zimmertemperatur gehen lassen.

3. Für die Füllung Rosinen mit warmem Wasser bedecken und 15 Min. einweichen. Nüsse im Blitzhacker oder Standmixer hacken. Rosinen abtropfen lassen und im Blitzhacker oder Mixer mit Zucker, Butter, Zimt und Salz pürieren. Nüsse untermischen. Beiseitestellen. Zehn Mulden einer Muffinform fetten (oder ein Backblech mit Backpapier auslegen).

4. Den Teig auf der leicht bemehlten Arbeitsfläche zu einem Rechteck (ca. 50 × 30 cm) ausrollen und mit der Füllung bestreichen. Eine lange Teigseite über zwei Drittel der Füllung schlagen. Die gegenüberliegende Seite darüberklappen. Quer in zehn Streifen schneiden. Jeden Streifen so in drei Stränge schneiden, dass sie an einem Ende noch zusammenhängen. Zum Zopf flechten und dessen Enden mit den Fingern zusammendrücken. Die Knoten mit dieser Naht nach unten in die Mulden der Muffinform setzen und mit Eiweiß bepinseln. Abgedeckt bei warmer Zimmertemperatur ca. 30 Min. gehen lassen.

5. Den Backofen auf 180 °C (Ober-/Unterhitze) vorheizen. Die Knoten in 18–20 Min. goldbraun backen. Gegen Ende der Backzeit evtl. mit Backpapier abdecken. Für die Glasur Zucker, Kardamom und 40 ml Wasser köcheln lassen, bis sich der Zucker aufgelöst hat. Die noch heißen Pekannuss-Knoten damit bestreichen und mind. 20 Min. abkühlen lassen.

Nussecken mit Schokolade

Meine liebe Schwägerin Tanja hat mir dieses Nussecken-Rezept zur Verfügung gestellt: supereasy und so lecker, dass es schon fast verboten werden sollte! Wirklich, man kann einfach nicht die Finger davon lassen. Und es soll vorgekommen sein, dass noch vor dem Fest, zu dem sie einmal mitgebracht werden sollten, bereits die Hälfte auf mysteriöse Weise verschwunden war … Dies nur als Warnhinweis.

Für ca. 40 Stück
Zubereiten: 30 Min.
Backen: 30 Min.

Für den Teig
375 g Weizenmehl Type 405
3 gestr. TL Weinsteinbackpulver
150 g Rohrohrzucker
2 Pck. Bourbon-Vanillezucker
1 Ei
200 g weiche Butter

Für den Belag
200 g Aprikosenkonfitüre
200 g Butter
200 g Rohrohrzucker
2 Pck. Bourbon-Vanillezucker
400 g Haselnüsse, geröstet und gehackt

Außerdem
ca. 300 g Zartbitter-Kuvertüre

1. Den Backofen auf 175 °C (Ober-/Unterhitze) vorheizen und ein Backblech mit Backpapier auslegen. Für den Teig alle Zutaten homogen vermengen. Mit den Händen auf dem Blech möglichst gleichmäßig verteilen. Mit Aprikosenkonfitüre bestreichen.

2. Für die Nussmischung Butter, Zucker, Vanillezucker und 4 EL Wasser in einer Pfanne aufkochen. Nüsse unterrühren und alles vom Herd nehmen. Die Mischung auf der Konfitüre verteilen und das Ganze im unteren Drittel des Ofens in ca. 30 Min. goldbraun backen.

3. Aus dem Ofen nehmen und lauwarm abkühlen lassen. Zuerst in Quadrate (ca. 8 × 8 cm), dann diagonal in Dreiecke schneiden. Vollständig auskühlen lassen.

4. Kuvertüre fein hacken und zwei Drittel über dem heißen Wasserbad schmelzen. Den Rest einrühren und die Schokolade vom Wasserbad nehmen. Die Nussecken mit einer oder zwei Ecken in die Kuvertüre tunken und auf Backpapier fest werden lassen.

Vegane Erdnuss-Cookies mit Schokostückchen

Erdnüsse gelten als kleine Kraftpakete: Vollgepackt mit Proteinen und guten Fetten, versorgen sie uns mit der nötigen Power zwischendurch. Nun lehne ich mich nicht so weit aus dem Fenster, zu behaupten, diese Kekse seien irre gesund. Aber schön ist es schon, wenn eine Nascherei die eine oder andere wertvolle Zutat im Gepäck hat, oder?

Für ca. 16 Stück
Zubereiten: 20 Min.
Kühlen: 3 Std.
Backen: 15 Min.

250 g Dinkelmehl Type 630
50 g zarte Haferflocken
1 TL Weinsteinbackpulver
½ TL Natron
¼ TL Salz
1 Msp. gemahlener Zimt
190 g Rohrohrzucker
100 ml neutrales Pflanzenöl (z. B. Maiskeimöl)
85 g crunchy Erdnussbutter
1 EL Zuckerrübensirup (Goldsaft)
1 TL Vanilleextrakt
75 g Erdnüsse, geröstet (nicht gehackt!)
50 g vegane Zartbitterschokolade (mind. 60 % Kakaoanteil), gehackt (alternativ Zartbitterschokotropfen)

1. Mehl, Haferflocken, Backpulver, Natron, Salz und Zimt vermischen. Zucker, Öl, Erdnussbutter, Zuckerrübensirup, Vanilleextrakt und 70 ml Wasser verrühren, bis sich der Zucker aufgelöst hat. Die Mehlmischung kurz unterrühren und zum Schluss Erdnüsse und Schokolade unterheben. Den Teig für 2–3 Std. kalt stellen.

2. Den Backofen auf 180 °C (Ober-/Unterhitze) vorheizen und zwei Bleche mit Backpapier auslegen.

3. Den Teig mithilfe eines Eiskugelportionierers oder zwei Esslöffeln auf die Bleche setzen. Mit den Händen zu dicken Talern formen, aber nicht allzu lange, denn sonst tritt Öl aus dem Teig aus. Die Cookies 13–15 Min. backen, bis die Ränder bräunen. Aus dem Ofen nehmen, auf dem Blech etwas abkühlen lassen und anschließend auf ein Gitter setzen, damit sie vollständig auskühlen können.

Feigen-Orangen-Täschchen

Trockenfrüchte sind ja so eine Sache: Entweder man steht total drauf oder sie gehen gar nicht. Diese Feigenplätzchen hier sind eindeutig für Dörrobst-Liebhaber gemacht. Fruchtig, aromatisch und ganz soft versüßen die kleinen Täschchen die Zeit beim Nachmittagstee, zu dem sie übrigens sehr gut passen.

Für ca. 60 Stück
Zubereiten: 40 Min.
Kühlen: 1 Std.
Backen: 18 Min.

- 1 Bio-Orange
- 140 g weiche Butter
- 100 g brauner Zucker
- 30 g flüssiger Honig
- ¼ TL gemahlener Zimt
- 1 Msp. Natron
- 1 Msp. Salz
- 2 Eigelb
- 300 g Dinkelmehl Type 630
- 350 g getrocknete Feigen
- 100 g Apfelmark (ungesüßtes Apfelmus)

Außerdem
Mehl zum Arbeiten

1. Orangenschale abreiben und eine halbe Orange auspressen. 1 TL Orangenabrieb mit Butter, Zucker, Honig, Zimt, Natron und Salz ca. 5 Min. verquirlen, bis sich der Zucker aufgelöst hat. Dann 1 EL Orangensaft untermischen. Eigelb nacheinander zugeben und jeweils 1 Min. unterrühren. Mehl unterrühren und den Teig zur Scheibe formen. Abgedeckt für 1 Std. kalt stellen.

2. Für die Füllung die Feigen vom Stielansatz befreien und in grobe Stücke schneiden. Mit Apfelmark und 2 EL Orangensaft im Standmixer fein pürieren. Falls die Masse zu grob bleibt, muss sie ca. 30 Min. durchziehen und anschließend noch mal püriert werden. In einen Spritzbeutel mit einer Lochtülle (ca. 1,5 cm Ø) füllen.

3. Den Backofen auf 175 °C (Ober-/Unterhitze) vorheizen und ein Blech mit Backpapier auslegen. Den Teig einmal durchkneten, bis er wieder etwas geschmeidig, aber nicht zu weich ist. Auf der gut bemehlten Arbeitsfläche zu einem Quadrat (38 × 38 cm) ausrollen. Überschüssiges Mehl mit einem Pinsel abstreifen. Den Teig in vier Streifen (9,5 cm breit) schneiden. Den Spritzbeutel senkrecht halten und die Feigenmasse zu 2,5 cm breiten Streifen entlang der Mitte auf die Teigstücke spritzen. Eine lange Seite des Teiges über die Füllung schlagen. Überschüssiges Mehl abpinseln. Den Teigstreifen dann weiter einrollen, bis die Naht unten liegt. Erneut überschüssiges Mehl entfernen.

4. Die Teigrollen auf das Blech heben. Das geht leichter, wenn man sie vorher quer halbiert. Etwas flach drücken und mit den Zinken einer Gabel behutsam über die ganze Länge der Teigrollen »Rinnen« eindrücken. Die Plätzchen in ca. 18 Min. goldbraun backen. Aus dem Ofen nehmen und sofort in 2,5 cm breite Stücke schneiden. Das geht besonders gut mit einer Teigkarte aus Metall.

5. Die Täschchen noch warm in eine Blechdose geben und zwischen jede Schicht ein Stück Küchenpapier legen. Verschlossen mind. 6 Std. durchziehen lassen, damit die Plätzchen weich und saftig werden.

Kamille-Vanille-Butterschnecken

Mir gefällt die Idee, Tee und Kräuter zum Aromatisieren von Gebäck zu verwenden, denn sie verleihen ihm eine aparte Note, das sogenannte je ne sais quoi. Für dieses Rezept fiel meine Wahl auf Kamille. Das sonnige Blümchen wirkt beruhigend auf Körper und Geist und verwandelt die buttrigen, supersoften Schnecken zu Kissen für die Seele.

Für ca. 16 Stück
Zubereiten: 40 Min.
Ziehen: 30 Min.
Gehen: 1¾ Std.
Backen: 10 Min.

Für den Teig
280 ml Milch (evtl. etwas mehr)
6–7 EL getrocknete Kamillenblüten
900 g Weizenmehl Type 550
42 g frische Hefe (1 Würfel)
175 g flüssiger Honig
4 Eier, verquirlt
1 gestr. TL Salz
220 g weiche Butter

Für die Füllung
160 g Rohrzucker
6–7 EL getrocknete Kamillenblüten
2 Pck. Bourbon-Vanillezucker
Abrieb von 1 großen Bio-Zitrone
125 g weiche Butter

Außerdem
ca. 80 g Butter, zerlassen

1. Für den Teig Milch mit Kamillenblüten erhitzen. Vom Herd nehmen und abgedeckt 30 Min. ziehen lassen. Durch ein Sieb gießen und 250 ml abmessen. Eventuell mit Milch auffüllen. Lauwarm erhitzen.

2. Mehl in eine Schüssel geben und eine Mulde in die Mitte drücken. Hefe hineinbröseln und mit je etwas Milch, Honig und Mehl vom Rand verrühren. Mit etwas Mehl bestäuben und 15 Min. gehen lassen. Restliche Milch und restlichen Honig, Eier und Salz zugeben und alles mit den Knethaken des Rührgeräts auf niedrigster Stufe 5 Min. verkneten. Den Teig 5 Min. ruhen lassen. Anschließend Butter nach und nach unterkneten, bis der Teig elastisch und weich ist. Abgedeckt bei ca. 30 °C zur doppelten Größe aufgehen lassen.

3. Für die Füllung Zucker und Kamillenblüten im Standmixer fein zermahlen. In eine Schale sieben und Vanillezucker untermischen. Die Hälfte des Zuckers mit Zitronenabrieb verreiben. Butter untermengen.

4. Den Teig auf der unbemehlten Arbeitsfläche zu einem Rechteck (ca. 50 × 30 cm) ausrollen. Mit Kamille-Butter bestreichen. Von einer kurzen Seite her ein Drittel des Teigs zur Mitte hin falten. Dann das gegenüberliegende Stück darüberfalten. Den Teig so ausrichten, dass die offenen Seiten rechts und links liegen, und 1,5 cm dick ausrollen (ca. 25 × 30 cm). In 1,5 cm breite Streifen schneiden (das geht gut mit einem Pizzaroller), zu Kordeln drehen und diese zu Schnecken einrollen. Das Ende der Kordel nach unten einschlagen.

5. Die Schnecken auf zwei mit Backpapier belegte Bleche legen und abgedeckt ca. 25 Min. gehen lassen. Den Backofen auf 220 °C (Ober-/Unterhitze) vorheizen. Die Schnecken in ca. 10 Min. goldbraun backen. Aus dem Ofen nehmen und noch heiß mit der zerlassenen Butter bepinseln und sofort mit dem restlichen Kamille-Vanille-Zucker bestreuen.

Chouquettes mit Himbeercreme

Diese süßen Mini-Windbeutel zieren den Kaffeetisch wie hübsche kleine Wölkchen und fliegen auch geradezu in den Mund. Bei uns zu Hause hat zwar keiner Hemmungen, sie ungefüllt zu vernaschen – wenn ich nicht aufpasse, passiert das so schnell, dass kaum noch welche übrig sind, wenn der Kaffee fertig ist –, aber die Himbeerfüllung macht sie wirklich zu einer sommerlichen Wonne.

Für ca. 30 Stück
Zubereiten: 40 Min.
Backen: 30 Min.

Für den Brandteig
55 g Butter
65 g Milch
½ TL Zucker
¼ TL Salz
70 g Weizenmehl Type 405
2 Eier (nicht größer als M), verquirlt

Für die Füllung
50 g Zucker
30 g gefriergetrocknete Himbeeren
400 g Schlagsahne
1 Pck. Sahnesteif

Außerdem
ca. 1 EL Puderzucker zum Bestreuen (optional)
ca. 2 EL Hagelzucker zum Bestreuen

1. Den Backofen auf 180 °C (Ober-/Unterhitze, nicht Umluft) vorheizen und ein Blech mit Backpapier auslegen. Für den Brandteig in einem Topf Butter, Milch, 65 ml (= 65 g) Wasser, Zucker und Salz erhitzen, bis die Butter geschmolzen ist. Mehl auf einmal zugeben und alles unter Rühren mit einem Holzlöffel 1 Min. weitererhitzen. Den Teig in eine Schüssel geben und etwas abkühlen lassen.

2. Eier nacheinander mit dem Rührgerät oder Holzlöffel unterrühren. Der Teig sollte schwer reißend vom Löffel fallen und nicht zu flüssig werden. In einen Spritzbeutel mit Lochtülle (9 mm Ø) füllen und dicke Tupfen (3 cm Ø) auf das Blech spritzen. Optional etwas Puderzucker daraufsieben. Hagelzucker auf die Tupfen streuen und leicht andrücken.

3. Die Windbeutelchen in ca. 25–30 Min. goldbraun backen. Aus dem Ofen nehmen und auf einem Gitter abkühlen lassen. Für die Füllung Zucker mit Himbeeren im Blitzhacker oder Standmixer fein mahlen. Sahne mit Sahnesteif aufschlagen und mit dem Himbeerzucker vermengen. In einen Spritzbeutel mit langer Tülle füllen und die Windbeutelchen damit von unten füllen. Am gleichen Tag genießen.

Variante mit Craquelin-Schicht:
Für eine Craquelin-Schicht 30 g Butter, 35 g braunen Zucker und 35 g Mehl vermengen und zwischen Frischhaltefolie dünn ausrollen. Für 15 Min. ins Gefrierfach legen. Dann eine Lage Frischhaltefolie entfernen und Kreise (3,5–4 cm Ø) ausstechen. Je eine Scheibe auf die Brandteig-Häufchen setzen. Backen wie oben beschrieben.

Müsli-Muffins mit Blaubeeren

Unsere Tochter riet mir, ein Rezept für Müsli-Muffins ins Buch aufzunehmen, die lecker, aber nicht zu süß sind. Die könne man schließlich für Kindergeburtstage machen, zu Schulfesten oder Ausflügen mitbringen oder auch zum Frühstück essen. Also wenn von einem Teenie so viele vernünftige Argumente für eine nahezu gesunde Nascherei kommen, setze ich mich brav an den Schreibtisch und denke mir ein Müsli-Muffin-Rezept aus, logisch.

Für 12 Stück
Zubereiten: 20 Min.
Backen: 20 Min.

Für die Muffins
185 g ungesüßtes Müsli
120 g Dinkelmehl Type 630
1½ TL Weinsteinbackpulver
1½ TL gemahlener Zimt
½ TL Natron
½ TL Salz
3 Eier
2 reife Bananen
160 ml Buttermilch
80 ml neutrales Pflanzenöl (z. B. Maiskeimöl)
4 EL Ahornsirup
50 g brauner Zucker
1 Pck. Bourbon-Vanillezucker
100 g frische Blaubeeren

Für das Topping
40 g Müsli oder grobe Haferflocken
2 EL neutrales Pflanzenöl (z. B. Maiskeimöl)
1 EL Ahornsirup
1 Prise gemahlener Zimt

Außerdem
Butter oder Öl für die Formen

1. Den Backofen auf 200 °C (Ober-/Unterhitze) vorheizen und die Mulden einer Muffinform fetten oder mit Backpapier-Quadraten (15 × 15 cm) auslegen.

2. Das Müsli im Blitzhacker oder Standmixer fein zermahlen. Mehl, Backpulver, Zimt, Natron und Salz untermixen und in eine Schüssel füllen. Eier mit Bananen im Blitzhacker oder Standmixer pürieren. Mit den restlichen Zutaten außer den Blaubeeren verrühren. Die Mehlmischung mit einem Löffel oder Silikonspatel nur so lange unterrühren, bis keine Mehlspuren mehr sichtbar sind.

3. Den Teig in die Mulden der Muffinform füllen und die Beeren darauf verteilen. Alle Zutaten für das Topping vermengen und die Muffins damit bestreuen. Diese in 18–20 Min. goldbraun backen. Aus dem Ofen nehmen und auskühlen lassen.

Dunkle-Schoko-Cookies mit Halwa

Halwa, das honigsüße Sesamkonfekt, habe ich schon als Kind sehr gerne genascht. Es schmeckt pur köstlich, passt aber auch wunderbar zu Schokolade und bekommt daher einen Auftritt in diesem Cookie-Rezept. Da Halwa sehr fragil ist, sollte es wirklich nur ganz vorsichtig unter den Teig gehoben werden.

Für ca. 24 Cookies
Zubereiten: 20 Min.
Backen: 12 Min.

300 g Weizenmehl Type 405
100 g ungesüßtes Kakaopulver
1 TL Natron
1 gestr. TL Salz
1 TL Espressopulver (optional)
250 g weiche Butter
150 g brauner Zucker
100 g Zucker
2 TL Bourbon-Vanillezucker
2 Eier
150 g Zartbitterschokolade (mind. 60 % Kakaoanteil), gehackt
200 g Halwa (natur oder mit Kakao), in groben Stücken

Außerdem
2 EL heller Sesam zum Bestreuen

1. Mehl, Kakao, Natron, Salz und optional Espressopulver vermischen. Butter mit Zuckersorten und Vanillezucker hell-cremig aufschlagen. Eier nacheinander zugeben und jeweils 1 Min. unterrühren. Die Mehlmischung nur kurz unterrühren. Schokolade und Halwa sehr behutsam unterheben. Den Teig für ein paar Min. kalt stellen.

2. Den Backofen auf 190 °C (Ober-/Unterhitze) vorheizen und zwei Bleche mit Backpapier auslegen.

3. Den Teig mithilfe eines Eiskugelportionierers oder zwei Esslöffeln auf die Bleche setzen. Dazwischen jeweils etwas Platz lassen. Die Cookies mit Sesam bestreuen und ca. 12 Min. backen (das Backergebnis wird am besten, wenn die Bleche einzeln im Ofen sind). Aus dem Ofen nehmen und die Cookies auf dem Blech auskühlen lassen.

TIPP
Wer mag, kann vor dem Backen noch ein paar Stückchen Halwa auf die Oberfläche der Cookies setzen.

Cantuccini mit Pistazien und Anis

Meine erste Begegnung mit Cantuccini fand nicht etwa in Italien statt, sondern in der Küche meiner amerikanischen Gastfamilie, genauer bei der Großmutter des Hauses. Eine weltoffene, fröhliche Person mit großartigem Geschmack und einer Vorliebe für europäische Genüsse. In einem Einmachglas bewahrte sie immer köstlich-knusprige Cantuccini auf, und nur durch eine große Portion Selbstbeherrschung und in Besinnung auf meine gute Kinderstube habe ich es nicht komplett leer gefegt. Zumindest nicht beim ersten Besuch ...

Für ca. 50 Stück
Zubereiten: 25 Min.
Backen: 48 Min.

230 g Weizenmehl Type 405
100 g feines Maismehl
½ TL Weinsteinbackpulver
½ TL Salz
220 g Rohrohrzucker
80 g weiche Butter
2 Eier
Abrieb von 1 Bio-Orange
1 TL Orangenblütenwasser (optional)
100 g Mandeln
100 g Pistazien, geröstet (ungesalzen)
1 TL Anissamen

1. Den Backofen auf 180 °C (Ober-/Unterhitze) vorheizen und ein Blech mit Backpapier auslegen.

2. Mehl, Maismehl, Backpulver und Salz vermischen. Zucker und Butter hell-cremig aufschlagen. Eier nacheinander zugeben und jeweils 1 Min. unterrühren. Orangenabrieb und Orangenblütenwasser untermischen. Mehlmischung, Mandeln, Pistazien und Anissamen mit einem Silikonspatel oder einem Holzlöffel untermengen.

3. Den Teig in vier Portionen teilen und auf dem Blech jeweils zu langen Rollen (ca. 4 cm breit) formen. Diese 30 Min. backen. Aus dem Ofen nehmen und noch heiß mit einem Sägemesser schräg in Scheiben (ca. 1,5 cm dick) schneiden. Diese auf das Blech stellen und weitere 15–18 Min. backen, bis sie vollständig durchgetrocknet sind. Auskühlen lassen und in einer Blechdose aufbewahren.

Kaffee-Eclairs

Wenn ich in Frankreich bin, stehen Kaffee-Eclairs ganz oben auf meiner To-eat-Liste. Doch manchmal hole ich mir das süße Stückchen Frankreich nach Hause. Die Herstellung von Eclairs erfordert drei Komponenten (Teig, Füllung und Glasur) und etwas Geschick, doch der Aufwand lohnt sich.

Für ca. 8 Stück
Zubereiten: 1¼ Std.
Ziehen: 10 Min.
Backen: 30 Min.

Für die Kaffee-Creme
250 ml Milch (evtl. etwas mehr)
25 g Kaffeebohnen, zerstoßen (alternativ Kaffeepulver)
2 Eigelb
35 g Zucker
2 geh. TL Speisestärke
2 geh. TL Weizenmehl Type 405
35 g Schlagsahne

Für den Brandteig
55 g Butter
65 g Milch
½ TL Zucker
¼ TL Salz
70 g Weizenmehl Type 405
2 Eier (nicht größer als M), verquirlt

Für den Guss
325 g Zucker
70 ml heißer Mokka oder Espresso

Außerdem
ca. 1 EL Puderzucker zum Bestäuben

1. Für die Creme Milch und Kaffee erhitzen. Vom Herd nehmen und abgedeckt 10 Min. ziehen lassen. Durch ein Sieb gießen und 250 ml abmessen. Eventuell mit Milch auffüllen. Zurück in den Topf gießen. Eigelb, Zucker, Stärke und Mehl verrühren. Zur Milch geben und alles unter konstantem Rühren bei schwacher Hitze aufkochen. Alles 1 Min. köcheln lassen, vom Herd nehmen und Frischhaltefolie direkt auf die Oberfläche der Creme legen. Diese vollständig auskühlen lassen.

2. Den Ofen auf 175 °C (Ober-/Unterhitze, nicht Umluft) vorheizen und ein Blech mit Backpapier auslegen. Für den Teig Butter, Milch, 65 ml Wasser, Zucker und Salz in einem Topf erhitzen. Mehl zugeben und alles unter Rühren mit einem Holzlöffel 1 Min. weitererhitzen. Den Teig in einer Schüssel etwas abkühlen lassen. Eier nacheinander unterrühren. Der Teig sollte schwer reißend vom Löffel fallen. In einen Spritzbeutel mit großer Kranztülle (ca. 16 mm Ø) füllen und 10–11 cm lange Stränge auf das Blech spritzen. Dafür die Tülle im 45-Grad-Winkel zum Blech führen und den Druck möglichst konstant halten.

3. Die Eclairs mit Puderzucker bestäuben und in ca. 30 Min. goldbraun backen. Auf einem Gitter abkühlen lassen. Für den Guss aus 100 g Zucker und Kaffee wie im letzten Schritt auf Seite 32 beschrieben einen Sirup kochen. Restlichen Zucker mit 75 ml Wasser auf 114 °C erhitzen. Die Mischung in der Küchenmaschine bei hoher Geschwindigkeit schlagen (ca. 10 Min.), bis die Masse weiß ist und die Konsistenz von Knete hat. Fondant luftdicht in Frischhaltefolie packen.

4. Die Cremmasse cremig rühren. Die Sahne steif schlagen und unterheben. In einen Spritzbeutel mit dünner Tülle geben. Die Eclairs füllen. Für den Guss 100 g Fondant mit 2–3 EL Sirup in einem Topf über dem Wasserbad unter Rühren auf maximal 30 °C erhitzen. Eventuell ½–1 TL Wasser zugeben. Die Eclairs damit bestreichen.

TIPP

Von Kaffee-Sirup und Fondant wird mehr hergestellt als benötigt. Beides hält sich sehr gut (Extrakt im Kühlschrank, Fondant bei Zimmertemperatur). Für einen einfachen Guss 2 EL Kaffee-Sirup, etwas Wasser und 100 g Puderzucker verrühren.

Berliner mit Hagebutte und süßer Dukkah

Mir ist klar, dass die Zutaten für die Dukkah nicht jeder mal eben so zu Hause hat – sie ist als i-Tüpfelchen bzw. als Anregung zu verstehen. Die Berliner schmecken auch nur mit Glasur prima – weich, fluffig und frisch. Wer aber Spaß an orientalischen Aromen hat, sollte sie unbedingt mal ausprobieren. Reste kann man im Schraubglas aufbewahren und auf Müsli, Kuchen und Eis streuen.

Für 12 Stück
Zubereiten: 1 Std.
Gehen: 2½ Std.

Für den Teig
250 g Weizenmehl Type 405
50 g Weizen-Vollkornmehl
50 g Rohrohrzucker
1 Pck. Bourbon-Vanillezucker
½ Pck. Trockenhefe
½ TL Salz
2–3 Bio-Orangen
2 Eigelb
2 EL weiche Butter

Für die Dukkah
3 EL heller Sesam
2 EL Pistazien, geröstet (ungesalzen)
2 EL Macadamianüsse, geröstet
3 Kardamomkapseln, Samen herausgelöst
½ Zimtstange
½ TL Fenchelsamen
1 TL Rohrohrzucker
½ TL getrocknete essbare Rosenblüten (optional)

Für die Glasur
Abrieb und Saft von ½ Bio-Orange
100 g Puderzucker

Außerdem
Mehl zum Arbeiten
ca. 4 EL Hagebuttenkonfitüre
1–1,5 l Öl zum Frittieren

1. Für den Teig Mehlsorten, Zucker, Vanillezucker, Hefe und Salz vermischen. Die Schale einer Orange abreiben und alle Früchte auspressen (es werden 150 ml Saft benötigt). Abrieb und Saft, Eigelb und Butter zur Mehlmischung geben und alles 10 Min. verkneten. Den Teig abgedeckt bei warmer Zimmertemperatur in ca. 2 Std. zur doppelten Größe aufgehen lassen.

2. Für die Dukkah Sesam in einer Pfanne bei mittlerer Hitze rösten. In ein Schälchen füllen und abkühlen lassen. Pistazien und Macadamias fein hacken und zum Sesam geben. Kardamomsamen, Zimt und Fenchel in einer Gewürzmühle fein mahlen (alternativ mörsern, dann aber lieber Zimtpulver verwenden). Mit Rosenblüten zu den Kernen geben und vermischen. Beiseitestellen.

3. Die Luft aus dem Teig drücken. Einen Bogen Backpapier in zwölf mehr oder weniger quadratische Stücke schneiden und auf zwei Backblechen verteilen. Den Teig auf der bemehlten Arbeitsfläche zu zwölf Kugeln formen und jeweils auf ein Backpapier setzen. Die Bleche in den Backofen schieben und ein Schälchen mit kochend heißem Wasser auf den Backofenboden stellen. Ofentür schließen und die Berliner ca. 30 Min. gehen lassen.

4. Für die Glasur Orangenabrieb und -saft mit Puderzucker glatt verrühren. Abgedeckt beiseitestellen. Konfitüre in einen Spritzbeutel mit langer, dünner Tülle füllen. Das Öl in einem breiten Topf auf 175 °C erhitzen. Die Berliner mitsamt Backpapier hineinsetzen (nicht mehr als drei gleichzeitig!) und darin pro Seite ca. 1 Min. ausbacken. Das Backpapier löst sich während des Frittierens und kann aus dem Öl entfernt werden. Berliner auf Küchenpapier abtropfen lassen. Mit Konfitüre füllen, mit Glasur bestreichen und mit Dukkah bestreuen.

Plunder-Twists mit Honig-Pfirsichen

Dies ist ganz klar das aufwendigste Rezept des Buches. Dennoch habe ich mich entschlossen, es aufzunehmen, denn so ein hausgemachter, zartblättriger Plunderteig ist wirklich mit nichts zu vergleichen. Wenn also ein freies Wochenende bevorsteht: Ran an die Plunder, es lohnt sich!

Für ca. 16 Stück
Zubereiten: 1 Std.
Gehen: 10 Std.
Kühlen: 1½ Std.
Backen: 15 Min.

Für den Teig
21 g frische Hefe (ca. ½ Würfel)
60 g Zucker
125 ml Milch
500 g Weizenmehl Type 405
20 g weiche Butter
1½ TL Salz
250 g kühle Sauerrahmbutter

Für die Füllung
3 Pfirsiche, entsteint (frisch oder ungesüßte aus der Dose)
2 EL flüssiger Honig
ca. 1 TL Zitronensaft
70 g weiche Butter
70 g Zucker
1 Pck. Bourbon-Vanillezucker
80 g gemahlene Mandeln
1 Ei
1 Eigelb
1 Prise Salz

Außerdem
Mehl zum Arbeiten
4 EL grober brauner Zucker, mit 2 TL gemahlenem Koriander (alternativ Zimt oder Kardamom) vermengt
1 Ei, mit 1 EL Wasser verquirlt

1. Am Vortag Hefe mit Zucker flüssig rühren. Milch und 125 ml Wasser untermischen. Mehl, Butter und Salz verreiben. Hefe unterkneten. Leicht bemehlen, zu einem Rechteck formen. In einer Frischhaltedose über Nacht im Kühlschrank ruhen lassen. Sauerrahmbutter quer halbieren, die Scheiben nebeneinander auf Backpapier legen. Dieses so darüberfalten, dass es ein 17 × 17 cm großes Päckchen ergibt. Butter mit einer Teigrolle glatt rollen (sie soll das Quadrat ausfüllen) und kalt stellen. Teig auf der bemehlten Arbeitsfläche zu einem Quadrat (26 × 26 cm) ausrollen. Die Butter so darauflegen, dass die Ecken zu den Seiten des Teiges zeigen. Die Teigecken zur Mitte über die Butter legen.

2. * Teig mit wenig Druck zu einem Rechteck (ca. 20 × 60 cm) ausrollen. (Falls der Teig sich nicht gut rollen lässt, in Folie gewickelt für 10 Min. kalt stellen.) Mehl wegpinseln. Den Teig in Gedanken dritteln. Ein Drittel über das nächste Drittel falten. Nun das übrige Drittel darüberlegen. Den Teig 30 Min. kühlen. Mit einer der offenen Seiten zu sich drehen. Die Schritte ab * wiederholen. Ein letztes Mal drehen, ausrollen, falten und 30 Min. kühlen. Beim Ausrollen behutsam vorgehen. Sollte der Teig reißen, Mehl auf die freigelegte Butter streuen.

3. Pfirsiche in Scheiben schneiden. Honig in einer beschichteten Pfanne erhitzen, Pfirsiche kurz dazugeben. Mit Zitronensaft abschmecken. Butter, Zucker, Vanillezucker und Mandeln verquirlen. Ei, Eigelb und Salz zugeben und alles hell-cremig aufschlagen. Kalt stellen.

4. Teig zu einem Rechteck (30 × 73 cm) ausrollen (Ränder mit einem Messer begradigen). Mit Ei bestreichen und mit der Hälfte des Gewürzzuckers bestreuen. Von der langen Seite her zusammenklappen und zu Streifen (ca. 4,5 cm breit) schneiden. Je einen Schlitz in die Mitte schneiden. Ein Teigende zweimal durch den Schlitz winden. Auf mit Backpapier belegte Bleche legen, dabei die Lücke in der Mitte schließen. Mandelcreme in die Mitte geben und vier bis fünf Pfirsichscheiben darauflegen. Die Teilchen abgedeckt bei Zimmertemperatur (nicht zu warm!) 1½–2 Std. gehen lassen. Den Backofen auf 200 °C (Ober-/Unterhitze) vorheizen. Die Teilchen erneut bestreichen und mit dem restlichen Zucker bestreuen. In ca. 15 Min. goldbraun backen.

Würzige Ingwerkekse

Der Titel des Rezepts sagt eigentlich schon alles über die kleinen Burschen: Sie schmecken wunderbar würzig, und das dreifache Ingweraroma ist der Knaller. Macht warm, gesund und wach. Und hilfreiche Reisebegleiter sind sie übrigens auch, denn Ingwer wirkt Wunder gegen flauen Autofahrmagen.

Für ca. 35 Stück
Zubereiten: 20 Min.
Ruhen: 30 Min.
Backen: 15 Min.

300 g Weizenmehl Type 405
2 TL Natron
1½ TL gemahlener Ingwer
1 TL gemahlener Zimt
½ TL gemahlene Gewürznelken
¼ TL Salz
180 g weiche Butter
120 g Zucker
1 Ei
80 g Zuckerrübensirup (Goldsaft)
1½ TL frisch geriebener Ingwer
50 g kandierter Ingwer, sehr fein gehackt

Außerdem
ca. 3 EL brauner Zucker zum Wenden

1. Mehl, Natron, gemahlenen Ingwer, Zimt, Nelken und Salz vermischen. Butter und Zucker in ca. 3 Min. hell-cremig aufschlagen. Ei zugeben und 1 Min. unterrühren. Zuckerrübensirup, frischen und kandierten Ingwer unterrühren, anschließend die Mehlmischung nur kurz untermischen.

2. Den Teig abgedeckt 30 Min. im Kühlschrank ruhen lassen. Den Backofen auf 175 °C (Ober-/Unterhitze) vorheizen und zwei Bleche mit Backpapier auslegen. Braunen Zucker in ein Schälchen füllen.

3. Mit einem Teelöffel kleine Portionen Teig abstechen und zu Kugeln formen. Leicht flach drücken und im Zucker wenden. Auf die Bleche legen und 12–15 Min. backen, bis die Ränder schön braun sind. Die Plätzchen auf einem Gitter vollständig auskühlen lassen. In einer Blechdose aufbewahren.

Korvapuustit – Finnische Zimtbrötchen

Kein Backbuch ohne außerordentlich zimtige Brötchen, so lautet meine Devise! Für diese finnische Variante kommt eine skandinavisch großzügige Portion Kardamom in den Teig und viel Zimt in die Füllung. Das Aussehen des Gebäcks mit dem wunderschönen Namen erinnert an Franzbrötchen. Oder an die lustigen Gesichter von Chamäleons – was sie meiner Meinung nach umso sympathischer macht.

Für ca. 20 Stück
Zubereiten: 50 Min.
Gehen: 1¾ Std.
Backen: 10 Min.

Für den Teig
450 g Weizenmehl Type 550
21 g frische Hefe (ca. ½ Würfel)
250 ml Milch, lauwarm erhitzt
50 g Zucker
12 Kardamomkapseln (alternativ ½ EL gemahlener Kardamom)
1 Eigelb
1 gestr. TL Salz
70 g weiche Butter, in Flöckchen

Für die Füllung
40 g weiche Butter
60 g brauner Zucker
5 TL gemahlener Zimt

Außerdem
1 Eiweiß zum Bestreichen
ca. 2 EL Hagelzucker zum Bestreuen

1. Mehl in eine Schüssel geben und eine Mulde in die Mitte drücken. Hefe hineinbröseln und mit 100 ml Milch, 1 TL Zucker und etwas Mehl vom Rand verrühren. Mit Mehl bestäuben und 15 Min. gehen lassen.

2. Kardamomkapseln öffnen und die Samen im Mörser zerstoßen. Mit restlicher Milch, übrigem Zucker, Eigelb und Salz zum Vorteig geben und alles ca. 10 Min. verkneten. Dann Butter nach und nach unterkneten und den Teig weitere 10 Min. kneten. Abgedeckt bei max. 30 °C zur doppelten Größe aufgehen lassen. Wenn es in der Küche zu kühl ist, ein Schälchen mit kochendem Wasser füllen und mit der Teigschüssel in den geschlossenen Backofen stellen.

3. Zwei Bleche mit Backpapier auslegen. Den Teig auf der unbemehlten Arbeitsfläche (nicht mehr kneten) zu einem großen Rechteck (ca. 25 × 65 cm) ausrollen. Mit weicher Butter bestreichen. Zucker und Zimt mischen und gleichmäßig daraufstreuen. Den Teig von der langen Seite her eng aufrollen. Die Rolle mit der Naht zum Körper hinlegen und in ca. 20 Trapeze schneiden. Die lange Seite der Trapeze sollte 5–6 cm lang sein. Trapeze »aufstellen«, sodass die Spiralen nach rechts und links zeigen, und mit dem Finger die Spitze nach unten eindrücken. Die Brötchen auf die Bleche legen und abgedeckt 20–30 Min. gehen lassen.

4. Den Backofen auf 225 °C (Ober-/Unterhitze) vorheizen. Die Brötchen mit Eiweiß bepinseln und mit Hagelzucker bestreuen. In ca. 10 Min. goldbraun backen (die Bleche am besten nicht gleichzeitig in den Backofen geben). Aus dem Ofen nehmen und abkühlen lassen.

Brioche-Taler mit Brombeeren und Limettencreme

Briocheteig kommt so fluffig daher, hat es aber in sich: In Bezug zum Mehlanteil enthält er 40–50 Prozent Fett. Das bedeutet, dass wir es mit einem weichen Teig zu tun haben. Die Knetzeiten sollten eingehalten, also auch nicht überschritten werden, denn sonst kann es passieren, dass das eingearbeitete Fett wieder austritt. Und bitte nicht die Kühlzeit überspringen – durch sie wird der Teig fester.

Für 14 Stück
Zubereiten: 45 Min.
Gehen: 14½ Std.
Backen: 20 Min.

Für den Teig
3 Eier
30 ml Milch
300 g Weizenmehl Type 405
4 g Salz (ca. 1 gestr. TL)
2 g Trockenhefe (ca. ½ TL)
60 g Zucker
140 g kühle Butter, in Würfeln

Für die Creme
150 g Sahnequark (40 % Fett i. Tr.)
40 g Zucker
1 Eigelb
1 EL Speisestärke
Abrieb von ½ Bio-Limette

Für die Beeren
250 g Brombeeren (frisch oder TK)
50 g Brombeerkonfitüre
30 g Zucker
Abrieb von ½ Bio-Limette
1 EL Limettensaft
2 TL Speisestärke
¼ TL gemahlener Ingwer

Außerdem
Öl für die Schüssel und das Blech
1 Eiweiß zum Bestreichen
2 EL Zucker zum Bestreuen
Bio-Limettenabrieb zum Garnieren

1. Am Vortag für den Teig Eier und Milch verquirlen. Mehl zugeben. Salz auf die eine Seite geben, Hefe auf die andere und alles mit dem Rührgerät auf der niedrigsten Stufe 2 Min. vermischen, dann auf hoher Stufe 2 Min. verkneten. Zucker esslöffelweise einrieseln lassen. Dabei immer erst die nächste Portion zugeben, wenn der Zucker eingearbeitet ist. Das kann ca. 5 Min. dauern. Butter auf einmal zufügen und den Teig auf hoher Stufe 10 Min. kneten. Abgedeckt 30 Min. gehen lassen.

2. Anschließend auf der Arbeitsfläche zu einem Rechteck ziehen. Der Teig ist elastisch, aber klebrig, das ist okay. Es hilft, schnell zu arbeiten und den Teig immer nur kurz zu berühren. Wie einen Briefumschlag falten, um 90 Grad drehen und erneut falten. In eine saubere, gefettete Schüssel geben und abgedeckt bei Zimmertemperatur 30 Min. gehen lassen. Anschließend im Kühlschrank 12 Std. reifen lassen.

3. Dann den Teig zu 14 Kugeln formen und auf zwei leicht gefettete Backbleche setzen. Bei nicht zu kühler Zimmertemperatur 1½ Std. gehen lassen. Für die Creme alle Zutaten glatt verrühren. Bis zur Verwendung kalt stellen. Von den Beeren 150 g beiseitestellen. Alle restlichen Zutaten mit 50 ml Wasser erhitzen. Alles unter gelegentlichem Rühren bei schwacher Hitze 10 Min. einkochen. Vom Herd nehmen und restliche Beeren unterrühren. Bis zur Verwendung abgedeckt beiseitestellen.

4. Den Backofen auf 175 °C (Ober-/Unterhitze) vorheizen. Teiglinge mit den Fingern zu Talern (ca. 11 cm Ø) flach drücken, sodass ein kleiner Rand entsteht und in der Mitte eine flache Fläche zum Belegen, so ähnlich wie Mini-Pizzen. Das geht auch gut, indem man einen bemehlten Glasboden behutsam in den Teig drückt. Dort hinein jeweils ca. 1 EL Creme geben und ein wenig verstreichen. Die Ränder mit Eiweiß bepinseln und mit braunem Zucker bestreuen. Die Taler ca. 20 Min. backen.

5. Aus dem Ofen nehmen und etwas abkühlen lassen. Jeweils ca. 1 EL Beeren leicht seitlich auf die Creme setzen und die Taler mit Limettenabrieb garnieren.

Zarte Earl-Grey-Honig-Madeleines

Okay, Madeleines und ihr Höcker, ganz empfindliches Terrain. Beim Recherchieren und Testen beschlich mich zwischendurch die Vermutung, es sei in Wirklichkeit einfach wurscht, ob der Höcker beim Backen erscheint oder eben nicht. Nur um dann zu merken, dass mein Ehrgeiz doch wachgekitzelt worden war! Wem es genauso geht, der sollte auf den für die Höckerbildung nötigen Temperaturschock (sehr kalter Teig, sehr heißer Ofen) achten. Aber unter uns: Auch die etwas flacheren Madeleines werden köstlich und ratzfatz weggenascht!

Für 18 Stück
Zubereiten: 20 Min.
Kühlen: 3 Std. 20 Min.
Backen: 10 Min.

70 g Butter
2 EL Earl-Grey-Tee (lose)
100 g Weizenmehl Type 405
½ TL Weinsteinbackpulver
2 Eier
65 g Rohrohrzucker
2 EL Akazienhonig
Abrieb von ½ Bio-Zitrone
1 TL Vanilleextrakt

Außerdem
Butter und Mehl für die Förmchen
Puderzucker zum Bestäuben (optional)

1. Butter schmelzen und Tee darin 3 Min. ziehen lassen. Durch ein Sieb in ein Schälchen gießen, den Tee gut ausdrücken und entsorgen.

2. Das Mehl mit Backpulver mischen und in eine Schüssel sieben. Eier mit Zucker cremig aufschlagen, bis sich der Zucker aufgelöst hat. Honig, Zitronenabrieb und Vanilleextrakt einrühren. Mehlmischung mit einem Silikonspatel unterheben. Aromatisierte Butter unterziehen. Den Teig abgedeckt für mind. 3 Std. kalt stellen.

3. Die Mulden einer Madeleine-Form mit Butter fetten, mit Mehl bestäuben und die Form für 10 Min. ins Gefrierfach stellen. Den Teig einmal durchrühren und in die Mulden füllen, dabei nach oben ca. 5 mm Platz lassen. Für 10 Min. in den Kühlschrank stellen.

4. Den Ofen auf 220 °C (Ober-/Unterhitze) vorheizen. Die Madeleines 4 Min. backen, dann die Temperatur auf 180 °C reduzieren und die Küchlein in ca. 6 Min. fertig backen. Aus den Förmchen lösen und lauwarm abkühlen lassen. Optional mit Puderzucker bestäuben. Madeleines schmecken frisch am besten.

Kokosmakronen mit Schokofüßchen

Kokosmakronen sind ja ganz schlimme Schlingel. Liegen da auf dem Plätzchenteller und machen so auf »Ach, keiner will mich!«, dabei wissen sie bestimmt ganz genau, dass ihrer Saftigkeit, ihrer unverschämt kokosigen Reichhaltigkeit und der Verlockung von Karibik im Winter dann doch kaum jemand widerstehen kann. Wetten?

Für ca. 15 Stück
Zubereiten: 40 Min.
Backen: 12 Min.

50 g Butter
200 g Kokosraspel (ungesüßt)
130 g Zucker
2 Eiweiß
1 Prise Salz
Abrieb von ½ Bio-Limette
2 TL Limettensaft
2 TL Speisestärke
ca. 150 g Zartbitterschokolade (mind. 60 % Kakaoanteil)

1. Butter in einem Topf oder einer Pfanne zerlassen. Kokosraspel mit 50 g Zucker darin hell anrösten. Vom Herd nehmen und auf einem großen Teller abkühlen lassen.

2. Eiweiß mit Salz schaumig schlagen. Zucker reinrieseln lassen und dabei das Eiweiß steif schlagen. Limettenabrieb und -saft zugeben, dann Stärke unterrühren. Abgekühlte Kokosraspel unterquirlen, bis die Masse wieder etwas trockener und leicht bröselig wird. Das dauert 1–2 Min.

3. Den Backofen auf 180 °C (Ober-/Unterhitze) vorheizen und ein Blech mit Backpapier auslegen.

4. Mit zwei Teelöffeln kleine Häufchen Kokosmasse auf das Blech setzen. Nach Belieben mit feuchten Händen zu »Eisbergen« oder Kugeln formen. Die Hände ggf. zwischendurch reinigen und erneut befeuchten. Die Kokosmakronen 10–12 Min. backen, bis die Spitzen und Kanten goldbraun sind. Aus dem Ofen nehmen und abkühlen lassen.

5. Schokolade fein hacken. Die Hälfte über dem warmen Wasserbad schmelzen. Restliche Schokolade zugeben und unterrühren, bis sie geschmolzen ist. Den Boden der Kokosmakronen in die Schokolade tauchen. Auf einem Gitter trocknen lassen.

Knusprige Haferflocken-Rosinen-Plätzchen

Diese schnell gemachten Plätzchen haben die in Australien und Neuseeland beliebten Anzac Biscuits als Vorbild. Einen Schönheitswettbewerb gewinnen sie zwar nicht, wer aber über ihr knorriges Aussehen hinwegsieht, wird belohnt, denn die Plätzchen erinnern durch den braunen Zucker, der sich bei der schnellen Zubereitung kaum auflöst, geschmacklich an Kandiskekse. Total lecker!

Für 20–25 Stück
Zubereiten: 25 Min.
Backen: 15 Min.

170 g kernige Haferflocken
120 g Weizenmehl Type 405
100 g brauner Zucker
100 g Rosinen
½ TL gemahlener Zimt
1 Prise Salz
1 EL Zuckerrübensirup (Goldsaft)
1 TL Natron
120 g Butter, zerlassen

1. Den Backofen auf 165 °C (Ober-/Unterhitze) vorheizen und ein Blech mit Backpapier auslegen. Haferflocken, Mehl, Zucker, Rosinen, Zimt und Salz vermischen. Sirup mit 2 EL Wasser aufkochen. Natron mit einem Schneebesen unterrühren (Vorsicht, das schäumt!). Anschließend zerlassene Butter unterrühren. Die Mischung unter die Mehlmischung mengen.

2. Aus je 1 EL Teig kleine Kugeln formen. Der Teig ist ziemlich bröselig, und man muss die Kugeln recht fest drücken, damit sie nicht auseinanderfallen. Zwischendurch eventuell die Hände waschen, damit sie nicht mehr kleben. Die Plätzchen mit Abstand zueinander auf das vorbereitete Blech setzen und 15 Min. backen.

3. Aus dem Ofen nehmen und 5 Min. abkühlen lassen, bevor die Kekse auf einem Gitter vollständig abkühlen. Zum Aufbewahren nicht in eine Plastikdose geben, denn dann verlieren sie ihre Knusprigkeit. Besser sind sie in einer Blechdose aufgehoben.

Maritozzi – Italienische Hefebrötchen mit Sahnefüllung

Seit ein paar Jahren treten Maritozzi, die fluffigen, sahnegefüllten Brötchen, immer öfter ins kulinarische Rampenlicht. Sie sind aber keine moderne Leckerei: Die Geschichte des traditionell mit Rosinen, kandierter Orangenschale und Pinienkernen angereicherten Fastengebäcks reicht sogar bis in die Römerzeit! Wer Trockenfrüchten nicht so zugetan ist, kann die Maritozzi natürlich auch ganz pur backen, das ist völlig legitim und auch sehr köstlich.

Für 10 Stück
Zubereiten: 40 Min.
Einweichen (Rosinen): 20 Min.
Gehen: 2 Std. 20 Min.
Backen: 15 Min.

120 g Rosinen
150 ml heißes Wasser
200 g Weizenmehl Type 550
200 g Weizenmehl Type 405
21 g frische Hefe (ca. ½ Würfel)
2 Eier, verquirlt
1 Eigelb
80 g Zucker
1 EL flüssiger Honig
¼ TL Salz
25 g weiche Butter
1 EL Olivenöl
50 g Orangeat, fein gehackt
50 g Pinienkerne
Abrieb von je 1 Bio-Orange und Bio-Zitrone

Außerdem
1 Eiweiß zum Bestreichen
2 EL Zucker
ca. 500 g Schlagsahne
Puderzucker zum Bestäuben (optional)

1. Die Rosinen 20 Min. im heißen Wasser einweichen. Durch ein Sieb abgießen und 100 ml vom aufgefangenen Wasser abmessen. Die Rosinen auf Küchenpapier legen und etwas trocken tupfen.

2. Mehlsorten in eine Schüssel geben und eine Mulde in die Mitte drücken. Hefe hineinbröseln und mit je etwas Rosinenwasser und Mehl vom Rand verrühren. Mit etwas Mehl bestäuben und 15 Min. gehen lassen.

3. Eier, Eigelb, Zucker, Honig und Salz zugeben und alles 10 Min. verkneten. Den Teig 5 Min. ruhen lassen. Butter und Öl nach und nach zugeben und den Teig weitere 10 Min. kneten. Abgedeckt bei warmer Zimmertemperatur in ca. 1½ Std. zur doppelten Größe aufgehen lassen.

4. Rosinen, Orangeat, Pinienkerne, Orangen- und Zitronenabrieb unterkneten. Zehn leicht längliche Brötchen formen und auf ein mit Backpapier belegtes Blech setzen. Mit Eiweiß bestreichen und ca. 30 Min. gehen lassen.

5. Den Backofen auf 180 °C (Ober-/Unterhitze) vorheizen. Die Brötchen ein weiteres Mal mit Eiweiß bepinseln und in ca. 15 Min. goldbraun backen. Währenddessen 2 EL Zucker und 2 EL Wasser aufkochen. Brötchen aus dem Ofen nehmen und noch heiß mit dem ebenfalls heißen Sirup bestreichen. Vollständig auskühlen lassen.

6. Die Brötchen längs einschneiden und leicht auseinanderdrücken. Sahne steif schlagen, jeweils ca. 2–3 geh. EL in die Brötchen füllen und glatt streichen. Die Brötchen nach Belieben mit Puderzucker bestäuben und sofort servieren.

Zimtige Schweinsöhrchen

Knusprig, zimtig und schön karamellisiert, so müssen Schweinsöhrchen sein! Der Zimt als kleiner Akzent ist zwar nicht unbedingt klassisch, sein warmes Aroma gefällt mir aber hier sehr gut. Wer es etwas ausgefallener und würziger mag, kann dem Zucker stattdessen gemahlenen Koriander oder auch Kardamom zugeben.

Für ca. 16 Stück
Zubereiten: 15 Min.
Kühlen: 15 Min.
Backen: 21 Min.

1 Rolle Blätterteig (275 g; aus dem Kühlregal)
1 Eiweiß
80 g Rohrohrzucker
1 geh. TL gemahlener Zimt
1 Prise Salz

1. Den Teig entrollen und dünn mit Eiweiß bepinseln. Zucker, Zimt und Salz mischen und 50 g der Mischung auf die Arbeitsfläche streuen. Den Blätterteig mit der bestrichenen Seite darauflegen. Die Oberseite ebenfalls dünn mit Eiweiß bestreichen. Restlichen Zucker daraufstreuen und mit einem Nudelholz behutsam andrücken.

2. Die langen Seiten des Teigs zur Mitte falten, dabei eine kleine Lücke (ca. 1 cm) lassen. Diesen Vorgang wiederholen und anschließend eine der Seiten auf die andere klappen. Den Teig vorsichtig in Backpapier oder ein Bienenwachstuch wickeln und für 10–15 Min. in den Kühlschrank legen. Falls der Teig sehr weich geworden sein sollte, stattdessen ins Gefrierfach legen.

3. Den Backofen auf 220 °C (Ober-/Unterhitze) vorheizen und ein Blech mit Backpapier auslegen. Den Teig in 5–6 mm breite Streifen schneiden und diese mit der Schnittfläche nach unten und oben auf das Blech legen. Die Schweinsöhrchen 12–15 Min. backen, dann mit einer Palette oder einem hitzebeständigen Tortenheber wenden und 5–6 Min. weiterbacken, bis sie goldbraun sind.

4. Aus dem Ofen nehmen, auf einem Gitter vollständig abkühlen lassen und in einer Blechdose aufbewahren.

Aprikosen-Pistazien-Rugelach

Diese kleinen Hörnchen haben ihren Ursprung in der jüdischen Küche und werden zumeist mit Nüssen und Trockenfrüchten, Mohn oder auch Schokolade gefüllt. Da die Füllung während des Backens gerne hier und da ein wenig aus den Rugelach herauswandert, gewinnen diese zwar meistens keinen Schönheitspreis, aber das macht gar nichts. Sie sind so lecker und so herrlich blättrig, dass man ihnen das etwas »verstrubbelte« Aussehen sofort nachsieht.

Für 48 Stück
Zubereiten: 30 Min.
Kühlen: 2 Std.
Kochen (Aprikosen): 30 Min.
Backen: 25 Min.

Für den Teig
300 g Weizenmehl Type 405
¼ TL Salz
230 g kalte Butter, in Würfeln
230 g kalter Frischkäse
1 Eigelb
1 TL Vanilleextrakt

Für die Füllung
200 g getrocknete Aprikosen
2 EL Orangenmarmelade (alternativ Aprikosenkonfitüre und den Abrieb von 1 Bio-Orange)

Außerdem
Puderzucker oder Mehl zum Arbeiten
100 g brauner Zucker
3 TL gemahlener Zimt
120 g Pistazien, geröstet und fein gehackt (ungesalzen)

1. Für den Teig Mehl mit Salz in einem Blitzhacker kurz vermischen. Butterwürfel darauf verteilen und Frischkäse esslöffelweise zufügen. Pulsierend zu Streuseln verarbeiten. Alternativ alles mit einem Messer durchhacken. Zum Schluss Eigelb und Vanilleextrakt kurz untermischen. Die Streusel auf die Arbeitsfläche geben und mit den Händen zu einem losen Teig zusammendrücken. Zu vier Scheiben formen, in Bienenwachstücher oder Frischhaltefolie einschlagen und für 2 Std. kalt stellen.

2. Für die Füllung Aprikosen in einem Topf mit Wasser bedecken und abgedeckt bei schwacher Hitze ca. 30 Min. köcheln lassen, bis sie weich und vollgesogen sind. Abgießen und abkühlen lassen. Anschließend mit Orangenmarmelade pürieren.

3. Den Backofen auf 175 °C (Ober-/Unterhitze) vorheizen und zwei Bleche mit Backpapier auslegen. Die Arbeitsfläche mit Puderzucker oder Mehl bestäuben. Eine Teigportion aus dem Kühlschrank nehmen und zu einem Kreis (26–27 cm Ø) ausrollen. Mit 2 EL Füllung bestreichen. Zucker und Zimt mischen und ein Viertel davon auf die Füllung streuen. Zum Schluss ein Viertel der Pistazien darauf verteilen.

4. Den Teigkreis mit einem Pizzaroller oder einem scharfen Messer wie eine Torte in zwölf Dreiecke schneiden. Diese von der breiten Seite her zu Hörnchen aufrollen und auf die Bleche legen. Mit dem restlichen Teig ebenso verfahren. Die Rugelach in 20–25 Min. goldbraun backen. Aus dem Ofen nehmen und abkühlen lassen.

Chaussons aux Pommes – Französische Apfeltaschen

Blätterteig ist zwar ein bisschen reichhaltig, aber im Fall von Apfeltaschen bilden seine zarten, buttrigen Schichten die perfekte Hülle für die weiche Fruchtfüllung. Bei deren Zubereitung versuche ich, die Zuckermenge an die Süße der Äpfel anzupassen; meistens pendelt es sich bei mir bei etwa 50 g ein. Die Füllung kann schon am Vortag vorbereitet werden, dann geht es am Naschtag etwas schneller.

Für 8 Stück
Zubereiten: 40 Min.
Kochen (Äpfel): 40 Min.
Kühlen: 15 Min.
Backen: 40 Min.

- ca. 900 g säuerliche Äpfel
- ca. 50 g Zucker (je nach Süße der Äpfel)
- 45 g Butter
- 1 EL Zitronensaft
- 1 Prise Salz
- ½ Vanilleschote, das Mark herausgekratzt
- 400 g Blätterteig (aus dem Kühlregal)

Außerdem
- Mehl zum Arbeiten
- 1 Ei zum Bestreichen
- 1½ EL Zucker

1. Für die Füllung Äpfel schälen, vierteln, Kerngehäuse entfernen und Fruchtfleisch grob würfeln. Mit Zucker, Butter, Zitronensaft, Salz, Vanillemark und -schote abgedeckt bei schwacher Hitze ca. 40 Min. köcheln lassen, bis die Äpfel zerfallen sind und die Mischung goldbraun ist. Eventuell ein paar Min. ohne Deckel köcheln lassen, bis die Flüssigkeit verdampft ist. Vom Herd nehmen und abkühlen lassen. Vanilleschote entfernen. Falls die Füllung erst am nächsten Tag weiterverarbeitet wird, sollte sie im Kühlschrank aufbewahrt werden.

2. Den Backofen auf 175 °C (Umluft) vorheizen. Ein Blech mit Backpapier auslegen. Den Blätterteig auf der bemehlten Arbeitsfläche entrollen und acht Kreise (ca. 13 cm Ø) ausstechen. Jeden Kreis mit einem Nudelholz oval ausrollen, sodass die Stücke ca. 18 cm lang sind. Ei trennen und Teigränder mit Eiweiß bepinseln. Anschließend Eigelb und Eiweiß verquirlen.

3. Je ein Achtel der Apfelfüllung (ca. 1½ EL) auf eine Hälfte der Ovale geben. Den Teig über die Füllung schlagen und die Ränder andrücken. Die Taschen umdrehen, auf das vorbereitete Blech legen und für 15 Min. kalt stellen. Wenn es in der Küche kühl ist und zügig gearbeitet wurde, kann das Kühlen auch übersprungen werden.

4. Taschen mit Ei bepinseln und die Oberfläche mehrfach mit einem scharfen Messer einritzen. Dafür an einer der gefalteten Ecken beginnen und das Messer bogenförmig zum Rand hinführen. Dabei den Teig nicht ganz durchschneiden. Die Apfeltaschen im Backofen in 35–40 Min. goldbraun backen.

5. In einem kleinen Topf 1½ EL Zucker mit 20 ml Wasser aufkochen und die heißen Taschen mit dem Sirup bepinseln. Vor dem Probieren unbedingt abkühlen lassen, die Füllung bleibt lange heiß!

FÜR DIE KAFFEE-TAFEL

GOLDIES AUS DER KUCHENTHEKE

Bunter Obstboden mit Vanillecreme

Eine Tarte wie diese bildet die perfekte Bühne für das frischeste, aromatischste Obst, das die Saison zu bieten hat, da kann man sich wunderbar austoben! Besonders gut harmonieren leicht säuerliche Früchte und zarte Beeren mit der cremigen Füllung.

Für 1 Tarteform (28 cm Ø)
Zubereiten: 45 Min.
Kühlen: 30 Min.
Ziehen: 10 Min.
Backen: 22 Min.

Für den Mürbeteig
150 g Weizenmehl Type 405
50 g Zucker
Abrieb von 1 Bio-Orange
1 Prise Salz
100 g kalte Butter, in Würfeln
1 Eigelb

Für die Vanillecreme (Crème pâtissière)
400 ml Milch
1 Vanilleschote, das Mark herausgekratzt
4 Eigelb
100 g Zucker
1 leicht geh. EL Weizenmehl
1 leicht geh. EL Speisestärke
50 g Schlagsahne

Außerdem
Butter oder Öl für die Form
Mehl für die Form und zum Arbeiten
2 Handvoll getrocknete Linsen oder Erbsen zum Blindbacken
ca. 500 g frische Beeren, Mango, Pfirsich, Kiwi oder anderes Lieblingsobst, zurechtgeschnitten zum Belegen

1. Eine Tarteform mit Hebeboden oder eine Springform fetten und mit Mehl ausstreuen. Für den Teig Mehl, Zucker, Orangenabrieb und Salz in einem Blitzhacker kurz vermischen. Butterwürfel darauf verteilen und mixen, bis die Masse feuchtem Sand gleicht. Alternativ die Zutaten mit einem Messer durchhacken. Zum Schluss Eigelb zugeben und alles zu einem homogenen Teig verarbeiten. Auf der bemehlten Arbeitsfläche ausrollen und die Backform damit auskleiden. Mit einer Gabel mehrmals einstechen und für 30 Min. kalt stellen.

2. Milch mit Vanillemark und -schote aufkochen. Vom Herd nehmen und abgedeckt 10 Min. ziehen lassen. Die Schote entfernen. Eigelb, Zucker, Mehl und Stärke mit einem Schneebesen verrühren. Milch erneut erhitzen und etwa die Hälfte langsam unter die Eigelbmischung rühren. Zur Milch in den Topf geben und alles unter konstantem Rühren bei schwacher Hitze aufkochen. Dabei am Topfboden rühren, damit die Mischung nicht anbrennt! Alles 1 Min. köcheln lassen, vom Herd nehmen und einen Silikondeckel oder Frischhaltefolie direkt auf die Oberfläche der Creme legen. Diese vollständig auskühlen lassen.

3. Den Backofen auf 175 °C (Ober-/Unterhitze) vorheizen. Den Teigboden mit Backpapier belegen und getrocknete Linsen oder Erbsen daraufschütten. Den Boden 12 Min. blindbacken. Das Papier mitsamt Erbsen entfernen und den Boden in ca. 10 Min. fertig backen. In der Form auf einem Gitter auskühlen lassen. Anschließend auf eine Kuchenplatte setzen.

4. Abgekühlte Creme glatt rühren. Sahne steif schlagen und unterheben. Den Tarteboden damit bestreichen und üppig und dekorativ mit Beeren und Früchten belegen. Frisch genießen.

Zitronen-Biskuitrolle

Das Gelingen von Biskuitrollen steht und fällt damit, wie streng man vorgeht. Das Eiweiß braucht eine absolut fettfreie Schüssel, die Backzeit und -temperatur dürfen nicht überschritten werden und der Biskuit muss nach dem Backen sofort gerollt werden.

Für 1 Rolle (ca. 8 Stücke)
Zubereiten: 35 Min.
Backen: 10 Min.
Kühlen: 2 Std.

Für den Biskuit
4 Eier, getrennt
1 Prise Salz
125 g Zucker
4 EL heißes Wasser
Abrieb von 1 Bio-Zitrone
80 g Weizenmehl Type 405
50 g Speisestärke
½ gestr. TL Weinsteinbackpulver

Für die Füllung
400 g Schlagsahne
2 Pck. Sahnesteif
120 g Zucker
Abrieb und 2 EL Saft von 1 Bio-Zitrone
200 g Quark (Magerquark oder 20 % Fett i. Tr.)

Außerdem
ca. 3 EL Zucker für das Tuch
Puderzucker zum Bestäuben
Zesten von ½ Bio-Zitrone (alternativ Abrieb)
8–10 geviertelte Bio-Zitronenscheiben für die Deko (optional)

1. Den Backofen auf 210 °C (Ober-/Unterhitze, nicht Umluft) vorheizen und ein Blech mit Backpapier auslegen.

2. Für den Biskuit Eiweiß mit Salz fast steif schlagen. Ein Drittel des Zuckers einrieseln lassen und Eiweiß so lange schlagen, bis sich der Zucker vollständig aufgelöst hat. Eigelb mit heißem Wasser schaumig schlagen. Restlichen Zucker und Zitronenabrieb mit den Fingern verreiben, damit sich das Aroma verteilt. Zum Eigelb geben und die Masse hell-cremig aufschlagen, bis sich auch hier der Zucker aufgelöst hat. Eischnee auf das Eigelb geben. Mehl, Stärke und Backpulver mischen, darübersieben und mit einem Silikonspatel unterheben. Nicht allzu lange mischen, es sollten keine großen Eiweißwölkchen mehr sichtbar sein.

3. Den Teig auf dem Blech verteilen, kurz glatt streichen und die Masse 10 Min. backen. Ein sauberes Geschirrtuch auf der Arbeitsfläche ausbreiten und gründlich und gleichmäßig mit Zucker bestreuen.

4. Den Biskuit aus dem Ofen nehmen, die Ränder vorsichtig mit einem Messer vom Blech lösen und den Biskuit auf das Tuch stürzen. Das Backpapier mit Wasser besprühen oder bepinseln und vom Teig abziehen (nicht nach oben, sondern in Abziehrichtung). Den Biskuit von der kurzen Seite her mit dem Tuch einrollen und auskühlen lassen.

5. Für die Füllung Sahne schaumig schlagen, Sahnesteif einrieseln lassen und die Sahne steif schlagen. Dann 4 EL davon in einen Spritzbeutel mit Sterntülle füllen und kalt stellen. Zucker mit Zitronenabrieb verreiben. Zitronensaft und Quark zugeben und kurz verrühren. Zunächst ein Drittel der Sahne unterrühren, dann den Rest unterheben.

6. Den Biskuit entrollen und mit der Creme bestreichen. Dabei an den langen Rändern ca. 2 cm frei lassen, an den kurzen Enden 4 cm. Biskuit einrollen und 2 Std. im Kühlschrank durchziehen lassen. Die Rolle mit Puderzucker bestäuben und mit Zitronenzesten bestreuen. Acht kleine Sahnetuffs oben aufspritzen und nach Belieben jeweils eine geviertelte Zitronenscheibe daranlehnen.

Veganer Streuselkuchen

Wenn man diesen veganen Streuselkuchen auf einem Blech backt, wird er recht dünn und bildet eine wunderbare feine »Leinwand« für fruchtigen Belag. Wer es etwas fluffiger mag, kann ihn auf dem Blech auch etwas kleiner formen, denn der Teig verläuft nicht.

Für 1 Blech (30 × 40 cm)
Zubereiten: 25 Min.
Gehen: 1 Std. 20 Min.
Backen: 25 Min.

Für den Teig
500 g Weizenmehl Type 405
75 g Rohrohrzucker
2 Pck. Trockenhefe
200 ml Hafermilch, lauwarm erhitzt
100 g weiche vegane Margarine im Block
Abrieb von 1 Bio-Zitrone
1 Msp. Salz

Für die Streusel:
350 g Weizenmehl Type 405
100 g Rohrohrzucker
100 g brauner Zucker
1 Pck. Bourbon-Vanillezucker
200 g vegane Margarine, zerlassen
¼ TL gemahlener Zimt
1 Prise Salz

Außerdem
Margarine oder Öl für das Blech
800–900 g Äpfel, Birnen oder anderes Obst (optional)

1. Für den Teig Mehl, Zucker und Trockenhefe vermischen. Die restlichen Zutaten zugeben und alles in 5–10 Min. zu einem geschmeidigen Teig verkneten. Abgedeckt bei warmer Zimmertemperatur zur doppelten Größe aufgehen lassen.

2. Für die Streusel alle Zutaten vermengen. Bis zur Verwendung kalt stellen. Ein Backblech fetten. Den Teig auf die Größe des Blechs ausrollen und daraufheben. Abgedeckt 20 Min. ruhen lassen, bis er noch einmal deutlich aufgegangen ist. Den Backofen auf 200 °C (Ober-/Unterhitze) vorheizen.

3. Obst, falls verwendet, schälen, vierteln, entkernen und das Fruchtfleisch in Spalten schneiden. Dachziegelartig auf dem Teig anordnen. Mit Streuseln bestreuen und den Kuchen in ca. 25 Min. goldbraun backen. Aus dem Ofen nehmen und lauwarm oder abgekühlt servieren.

Variante, wenn's schnell gehen soll:
Für eine zwar nicht vegane, aber schnelle Version kann der Kuchen auch mit einem Quark-Öl-Teig hergestellt werden. Hierfür 200 g Quark, 180 g Rohrohrzucker, 6 EL Milch, 5 EL neutrales Pflanzenöl, 1 Ei und 1 Pck. Bourbon-Vanillezucker verquirlen. 400 g Mehl, 12 g Weinsteinbackpulver und 1 Prise Salz vermischen, zugeben und alles kurz zu einem geschmeidigen Teig verkneten. Ausrollen und weiterverarbeiten wie oben beschrieben.

Klassischer Käsekuchen

Käsekuchen: Heiliger Gral der deutschen Backkunst und gleichzeitig güldener Standard im Repertoire wirklich jeder hiesigen Mutti/Oma/Tante. Musste einfach können. Bei den Muttis, Omas und Tanten in meiner Familie kursiert hierfür das Rezept mit dem Titel »Käsekuchen (Walter)«. Es ist völlig unkompliziert, verzeiht viel und wird entsprechend freimütig variiert. Danke, Walter (unbekannterweise), für dieses Goldstück!

Für 1 Springform (26 cm Ø)
Zubereiten: 20 Min.
Backen: 1 Std. 10 Min.
Ruhen und Kühlen: ca. 3 Std.

Für den Teig
250 g Weizenmehl Type 405
1 TL Weinsteinbackpulver
100 g Zucker
100 g weiche Butter
1 Ei
3 EL Milch
1 Pck. Bourbon-Vanillezucker
1 Prise Salz

Für die Quarkmasse:
1 kg Magerquark
500 g Schlagsahne
250 g Zucker
150 ml neutrales Pflanzenöl (z. B. Maiskeimöl)
80 g Speisestärke
3 Eier
Mark von 1 Vanilleschote (alternativ 1 Pck. Bourbon-Vanillezucker)

Außerdem
Butter und Semmelbrösel für die Form

1. Den Backofen auf 160 °C (Ober-/Unterhitze) vorheizen und eine Springform fetten und mit Semmelbröseln ausstreuen.

2. Für den Teig Mehl und Backpulver vermischen. Restliche Zutaten zugeben und mit den Fingern oder den Knethaken des Rührgeräts zu Streuseln verarbeiten. In die vorbereitete Form streuen. Mit den Fingern den Teigboden formen und einen Rand (4 cm) hochziehen. Kalt stellen.

3. Für die Quarkmasse alle Zutaten in 1–2 Min. cremig aufschlagen. Auf den Teigboden gießen und den Kuchen auf der zweiten Schiene von unten 25 Min. backen. Aus dem Ofen nehmen. Mit einem scharfen Messer nah am Rand die Oberfläche rundum einritzen. Das verhindert das Einreißen des Kuchens. Diesen weitere 35–45 Min. backen. Die Mitte des Käsekuchens sollte dann nicht mehr allzu stark wackeln.

4. Den Ofen ausschalten und den Kuchen darin 30 Min. abkühlen lassen. Die Ofentür dann einen Spalt öffnen und den Kuchen vollständig abkühlen lassen.

Bienenstich

Wir nehmen dieses traditionsreiche Gebäck hier als runden Kuchen auf, denn mit etwa zwölf Stücken reicht er als Wochenendschmaus meistens aus. Ist jedoch die Runde etwas größer, kann das Rezept problemlos verdoppelt und auf einem Blech gebacken werden. Die Creme lässt sich sehr gut am Vortag zubereiten, der Teig hingegen schmeckt frisch am leckersten.

Für 1 Springform (26 cm Ø)
Zubereiten: 50 Min.
Ziehen: 10 Min.
Gehen: 1 Std. 25 Min.
Backen: 25 Min.
Kühlen: 1 Std.

Für die Füllung
500 ml Milch
1 Vanilleschote, das Mark herausgekratzt
40 g Speisestärke
70 g Zucker
1–2 Eigelb (optional)
200 g Schlagsahne
2 Pck. Sahnesteif

Für den Hefeteig
280 g Weizenmehl Type 405
10 g frische Hefe (ca. ¼ Würfel)
125 ml Milch, lauwarm erhitzt
30 g Zucker
1 Ei
35 g weiche Butter
1 Prise Salz

Für den Mandelkrokant
70 g Butter
50 g Zucker
30 g Honig
2 EL Schlagsahne
1 Msp. Salz
120 g Mandelblättchen

Außerdem
Butter oder Öl für die Form und zum Arbeiten

1. Für die Füllung 400 ml Milch mit Vanillemark und -schote aufkochen. Vom Herd nehmen und abgedeckt 10 Min. ziehen lassen. Die Schote entfernen. Restliche Milch, Stärke, Zucker und Eigelb mit dem Schneebesen verrühren. Milch erneut erhitzen und die Hälfte langsam unter die Eigelbmischung rühren. Zur Milch in den Topf geben und unter Rühren bei schwacher Hitze aufkochen. Alles 1 Min. köcheln lassen, vom Herd nehmen und einen Silikondeckel oder Frischhaltefolie auf die Oberfläche der Creme legen. Diese ganz auskühlen lassen.

2. Für den Hefeteig Mehl in eine Schüssel geben und eine Mulde in die Mitte drücken. Hefe hineinbröseln und mit je etwas Milch, Zucker und Mehl vom Rand verrühren. Mit etwas Mehl bestäuben und 15 Min. gehen lassen. Restliche Milch und restlichen Zucker, Ei, Butter und Salz zugeben und alles mit den Knethaken des Rührgeräts auf niedrigster Stufe 5 Min. verkneten. Abgedeckt bei ca. 30 °C zur doppelten Größe aufgehen lassen.

3. Für die Mandelschicht Butter, Zucker, Honig, Sahne und Salz aufkochen und 2–3 Min. köcheln lassen. Mandeln unterrühren und alles vom Herd nehmen. Kurz abkühlen lassen, allerdings nicht länger als 10 Min., weil sonst die Masse zu fest werden könnte. Den Backofen auf 180 °C (Ober-/Unterhitze) vorheizen und eine Springform fetten.

4. Den Teig kurz durchkneten und mit gefetteten Fingern in die Backform drücken. Die Mandeln löffelweise daraufgeben und gleichmäßig verteilen. Das Ganze abgedeckt 10 Min. gehen lassen, anschließend auf der mittleren Schiene in ca. 25 Min. goldbraun backen. Aus dem Ofen nehmen und abkühlen lassen. Den Kuchen aus der Form lösen und waagerecht halbieren. Den Boden in einen Tortenring geben. Den Deckel in zwölf Tortenstücke schneiden.

4. Für die Füllung Sahne mit Sahnesteif schlagen, bis sie fest ist. Die Creme aufschlagen und Sahne unterheben. Auf den Kuchenboden streichen und den Bienenstich für 1 Std. kalt stellen. Vor dem Servieren die Deckelstücke darauf anordnen.

Mohn-Pudding-Kuchen

Viele Kuchen müssen ja erst vollständig abkühlen, um ihre volle Pracht zu entfalten, und lassen uns ein Weilchen zappeln. Dieser Mohnkuchen jedoch ist nicht nur schnell gemacht, er schmeckt fast direkt nach dem Backen schon irre gut! Zur Güte sollte man ihm aber doch ein bisschen Ruhezeit gönnen, denn dann lässt er sich bereitwilliger in Stücke schneiden.

Für 1 Springform (26 cm Ø)
Zubereiten: 30 Min.
Ruhen: 10 Min.
Backen: 45 Min.

Für den Teig
370 g Weizenmehl Type 405
200 g Rohrohrzucker
150 g weiche Butter
4 leicht geh. TL Weinsteinbackpulver
1 Prise Salz
1 Ei
1 Pck. Bourbon-Vanillezucker

Für die Füllung
800 ml Milch
2 Pck. Vanillepuddingpulver (80 g)
100 g Rohrohrzucker
200 g Blaumohn (gemahlen)

Außerdem
Butter oder Öl für die Form
Mehl zum Arbeiten

1. Eine Springform fetten. Für den Teig alle Zutaten zügig mit den Händen oder den Knethaken zu Streuseln verarbeiten. Zwei Drittel davon abnehmen, zu einer Scheibe formen und auf einer leicht bemehlten Arbeitsfläche ca. 5 mm dünn ausrollen. In die Springform legen, dabei einen Rand (ca. 3 cm) hochziehen. Die Form und die restlichen Streusel abgedeckt in den Kühlschrank stellen.

2. Für die Füllung 100 ml Milch in einem Schälchen mit Puddingpulver und Zucker verrühren. Restliche Milch mit Mohn aufkochen. Puddingmischung zugeben und alles unter Rühren mit dem Schneebesen 1 Min. köcheln lassen. Vom Herd nehmen und 10 Min. ruhen lassen.

3. Den Backofen auf 180 °C (Ober-/Unterhitze) vorheizen. Den Pudding auf dem Teigboden verstreichen. Streusel über die Mohnmasse krümeln und den Kuchen ca. 45 Min. backen. Aus dem Ofen nehmen und vor dem Anschneiden vollständig auskühlen lassen.

TIPP

Wer mag, kann für eine fruchtige Note eine Handvoll Brombeeren in die Mohnmasse geben und ganz vorsichtig unterheben.

Mandel-Butterkuchen

So gern ich Kaffee mag, zu diesem Kuchen, der in Norddeutschland seine Wurzeln hat, passt eine schöne Tasse Tee unglaublich gut. Genau das Richtige an einem Herbstnachmittag, herrlich einfach, unaufgeregt und wohlig wärmend. Dazu eine Wolldecke und ein gutes Buch – pures Glück!

Für 1 Blech (30 × 40 cm)
Zubereiten: 30 Min.
Gehen: 1½ Std.
Backen: 25 Min.

Für den Teig
500 g Weizenmehl Type 550
42 g frische Hefe (1 Würfel)
250 ml Milch, lauwarm erhitzt
80 g Zucker
100 g Butter, zerlassen
2 Eier, verquirlt
2 Pck. Bourbon-Vanillezucker
1 Msp. Salz

Für den Belag
120 g Butter
120 g Rohrohrzucker
2 TL gemahlener Zimt
1 TL gemahlener Kardamom
1 Prise Salz
120 g Mandelblättchen

Außerdem
Butter und Zimtzucker für das Blech
Mehl zum Arbeiten

1. Für den Teig Mehl in eine Schüssel geben und eine Mulde in die Mitte drücken. Hefe hineinbröseln und mit der Hälfte der Milch, 2 TL Zucker und etwas Mehl vom Rand verrühren. Mit etwas Mehl bestäuben und 15 Min. gehen lassen. Restliche Zutaten zugeben und alles 5 Min. verkneten. Abgedeckt in ca. 1 Std. zur doppelten Größe aufgehen lassen.

2. Ein Backblech mit Butter fetten und mit Zimtzucker ausstreuen. Den Teig auf der bemehlten Arbeitsfläche auf die Größe des Blechs ausrollen und daraufgeben. Abdecken und erneut kurz gehen lassen.

3. Den Backofen auf 175 °C (Ober-/Unterhitze) vorheizen. Für den Belag Butter in einer Pfanne zerlassen. Zucker, Zimt, Kardamom und Salz unterrühren, dann Mandeln zugeben und alles vermengen. Vom Herd nehmen und abkühlen lassen, bis die Mischung nur noch warm ist.

4. Anschließend mit allen Fingern kleine Mulden in den Teig drücken und den Belag darauf verteilen. Den Kuchen in ca. 25 Min. goldbraun backen. Aus dem Ofen nehmen und abkühlen lassen.

TIPP
Der Kuchen kann auch in einer 26er-Springform gebacken werden. Dafür einfach das Rezept halbieren.

Feine Apfeltarte

Diese Tarte besticht durch ihre Schlichtheit – nur eine Handvoll Zutaten ist für dieses zarte Gebäck vonnöten. Es gibt aber eine unausgesprochene weitere Beigabe, nämlich Sorgfalt. Der Zauber dieser Tarte steht und fällt nämlich mit der Ordentlichkeit, mit der die dünnen Apfelscheiben arrangiert werden. Das verleiht ihr den durch und durch französischen Charakter – und ich bin überzeugt, sie schmeckt dadurch auch besonders fein.

Für 1 Tarteform (28 cm Ø)
Zubereiten: 35 Min.
Kühlen: 30 Min.
Backen: 1 Std.

200 g Weizenmehl Type 405
100 g weiche Butter
1 Eigelb
1 Prise Salz
4–5 Äpfel

Außerdem
Mehl zum Arbeiten
3 EL Zucker zum Bestreuen
50 g Butter, in Flöckchen
ca. 5 EL Aprikosenkonfitüre

1. Mehl, Butter, Eigelb und Salz mit den Fingern oder den Knethaken des Rührgeräts zu Streuseln verarbeiten. Dann 2–3 EL kaltes Wasser zügig untermischen, bis ein homogener Teig entsteht. Diesen zu einer Scheibe formen, auf der bemehlten Arbeitsfläche 3 mm dünn ausrollen und in eine Tarteform legen. Überstehende Ränder abschneiden und den Teigboden einige Male mit einer Gabel einstechen. Das Ganze für mind. 30 Min. kalt stellen.

2. Den Backofen auf 200 °C (Ober-/Unterhitze) vorheizen. Äpfel schälen, vierteln, das Kerngehäuse entfernen und das Fruchtfleisch in möglichst dünne Scheiben schneiden. Etwa ein Drittel davon und eventuell anfallende Reststückchen auf den Teigboden legen. Restliche Apfelscheiben fein säuberlich und überlappend darauf anordnen. Mit Zucker bestreuen und Butterflöckchen darauf verteilen.

3. Die Tarte im unteren Drittel des Ofens ca. 1 Std. backen. Die Äpfel sollten stark gebräunt sein. Aus dem Ofen nehmen und auf einem Gitter abkühlen lassen.

4. Aprikosenkonfitüre mit 2 EL Wasser erwärmen und glatt verrühren. Die Tarte damit gleichmäßig bepinseln.

TIPP
Dazu kann etwas Sahne serviert werden.

Frankfurter-Kranz-Minis

Als Hommage an die Krone der deutschen Kaiser und die Krönungsstadt Frankfurt am Main begann die Karriere dieses Konditorei-Goldstücks. Ich habe mich für Mini-Kränze entschieden, denn zum einen wirken sie weniger einschüchternd als die große Version und zum anderen bekommen auf diese Art alle ein eigenes Krönchen!

Für 12 Stück
Zubereiten: 50 Min.
Backen: 25 Min.
Kühlen: 3 Std.

Für die Füllung
560 ml Milch
75 g Zucker
1½ Pck. Vanillepuddingpulver (60 g)
1 Vanilleschote, das Mark herausgekratzt
225 g weiche Butter
4–5 EL Preiselbeerkonfitüre (Wildpreiselbeeren)

Für den Teig
185 g Weizenmehl Type 405
40 g Speisestärke
12 g Weinsteinbackpulver (ca. 3½ TL)
185 g weiche Butter
185 g Zucker
Mark von 1 Vanilleschote
½ TL Zitronenabrieb
1 Prise Salz
4 Eier
1 Eigelb

Für den Krokant
4½ EL Zucker
150 g gehackte Haselnüsse

Außerdem
Butter und Mehl für die Form
12 Belegkirschen

1. Für die Füllung 8 EL Milch mit Zucker und Puddingpulver glatt verrühren. Restliche Milch mit Vanillemark und -schote erhitzen, bis am Topfrand Bläschen erscheinen. Die Schote entfernen. Die Puddingmischung mit einem Schneebesen einrühren. Alles 1 Min. köcheln lassen, vom Herd nehmen und einen Silikondeckel oder Frischhaltefolie direkt auf die Oberfläche der Creme legen. Diese vollständig auskühlen lassen.

2. Den Backofen auf 180 °C (Ober-/Unterhitze) vorheizen und zwölf Mini-Gugelhupf-Förmchen fetten und mit Mehl ausstreuen. Für den Teig Mehl, Stärke und Backpulver vermischen. Butter hell-cremig aufschlagen. Zucker mit Vanillemark, Zitronenabrieb und Salz mischen und unter Rühren einrieseln lassen. Eier und Eigelb nacheinander zugeben und jeweils 1 Min. unterschlagen. Mehlmischung daraufsieben und unterheben.

3. Den Teig in die Förmchen füllen, glatt streichen und in ca. 25 Min. goldbraun backen. Aus dem Ofen nehmen, 10 Min. in den Förmchen abkühlen lassen, anschließend auf ein Gitter stürzen und vollständig auskühlen lassen.

4. Für den Krokant ein Backblech mit Backpapier auslegen. Zucker in einer kleinen, beschichteten Pfanne bei schwacher Hitze schmelzen und goldbraun karamellisieren (nicht rühren). Haselnüsse zugeben und unter ständigem Rühren erhitzen, bis sie gleichmäßig vom Karamell bedeckt und goldbraun sind. Dieser sollte keine Fäden mehr ziehen. Auf das Blech geben und abkühlen lassen, dann mit den Händen zerbröseln.

5. Für die Füllung Butter hell-cremig aufschlagen. Pudding glatt rühren und esslöffelweise unterrühren. Ein Viertel der Creme in einen Spritzbeutel mit Sterntülle füllen und kalt stellen. Die Küchlein waagerecht durchschneiden. Die unteren Hälften mit Preiselbeeren bestreichen. Darauf etwas Creme streichen und die Oberseiten aufsetzen. Die Kränze rundum mit Creme bestreichen und mit Krokant bestreuen. Je einen Tuff Creme in die Mitte setzen und mit je einer Belegkirsche garnieren. Vor dem Servieren ca. 3 Std. im Kühlschrank durchziehen lassen.

Eierlikörtorte mit Mohn

Dieses Prachtstück von Retrotorte erfordert ein wenig Disziplin, denn man muss ihm unbedingt eine Pause im Kühlschrank gönnen. Es ist wirklich ein Unterschied wie Tag und Nacht: Direkt nach dem Backen erscheint der Tortenboden etwas zu fest, fast trocken geraten. Aber keine Sorge: Nach dem Durchziehen passt alles wunderbar, und die Schichten gehen eine Liaison ein, die Eierlikörfans weiche Knie machen wird – auf die gute Art.

Für 1 Springform (20 cm Ø)
Zubereiten: 50 Min.
Backen: 35 Min.
Kühlen: mind. 8 Std.

Für den Teig
90 g Weizenmehl Type 405
1 leicht geh. EL ungesüßtes Kakaopulver
1½ TL Weinsteinbackpulver
3 Eier
110 g Zucker
100 g Blaumohn (gemahlen)
30 g gemahlene Mandeln
35 g Zartbitter-Raspelschokolade

Für die Creme
100 ml Milch
2 EL Speisestärke
1½ EL Zucker
1 Prise Salz
100 ml Eierlikör
150 g Schlagsahne

Außerdem
2 EL Johannisbeergelee
320 g Schlagsahne
1 Pck. Sahnesteif
1 Pck. Bourbon-Vanillezucker
50 g Zartbitter-Raspelschokolade
ca. 65 ml Eierlikör

1. Den Backofen auf 180 °C (Ober-/Unterhitze) vorheizen und den Boden einer Springform mit Backpapier auslegen. Für den Teig Mehl, Kakao und Backpulver vermischen. Eier mit Zucker 15 Min. verquirlen, bis sich der Zucker aufgelöst hat. Mohn, Mandeln und Schokolade vermischen. Zusammen mit der gesiebten Mehlmischung unter die Eimasse heben.

2. Den Teig in die Form füllen und 30–35 Min. backen. Aus dem Ofen nehmen und vollständig abkühlen lassen. Aus der Springform lösen und das Backpapier entfernen.

3. Für die Creme 5 EL Milch mit Stärke, Zucker und Salz glatt verrühren. Restliche Milch mit Eierlikör erhitzen. Die Stärkemischung mit einem Schneebesen einrühren. Alles 1 Min. köcheln lassen, vom Herd nehmen und einen Silikondeckel oder Frischhaltefolie direkt auf die Oberfläche der Creme legen. Diese vollständig auskühlen lassen.

4. Sahne steif schlagen. Abgekühlten Pudding einmal aufschlagen und Sahne unterheben. Den Kuchen zweimal waagerecht durchschneiden. Den untersten Boden umdrehen und zum Schluss als Deckel verwenden. Den obersten Boden auf eine Kuchenplatte setzen und einen Tortenring darumlegen. Zuerst mit 1 EL Johannisbeergelee, dann der Hälfte der Creme bestreichen. Den mittleren Boden daraufsetzen, das restliche Johannisbeergelee und anschließend den Rest der Creme darauf verstreichen. Mit dem letzten Boden abdecken und die Torte kalt stellen.

5. Die Sahne schaumig aufschlagen. Sahnesteif und Vanillezucker einrieseln lassen und die Sahne steif schlagen. Dann 4 EL davon in einen Spritzbeutel mit runder Tülle (alternativ Sterntülle) füllen und kalt stellen. Die Torte rundum und auf der Oberseite mit der restlichen Sahne bestreichen. Die Seiten mit Raspelschokolade bestreuen. Sahne-Tuffs dicht aneinander oben auf den Rand setzen und ebenfalls mit Schokolade garnieren. Den Eierlikör in die Mitte gießen und die Torte über Nacht im Kühlschrank durchziehen lassen.

Hefezopf mit Rosinen und Hagelzucker

Für diesen Teig stellt man ein sogenanntes Kochstück her. Dafür erhitzt man kurz Milch und Mehl, wodurch schon ein Teil der Flüssigkeit an das Mehl gebunden und der Teig nicht so flüssig wird. Das Ergebnis ist ein saftigerer Teig, der etwas länger frisch bleibt. Das Bräunen der Butter verleiht ihr ein leicht nussiges Aroma, außerdem reduziert man dadurch ihren Wassergehalt. Das macht den Teig zwar reichhaltiger, aber auch schön zart.

Für 1 großen oder 2 kleine Zöpfe
Zubereiten: 45 Min.
Gehen: 1½ Std.
Backen: 40 bzw. 30 Min.

Für den Teig
150 g Rosinen
70 g Butter
250 ml Milch
500 g Weizenmehl Type 550
21 g frische Hefe (ca. ½ Würfel)
50 g Rohrohrzucker
1 Ei, verquirlt
1 EL Bourbon-Vanillezucker
1 TL Salz

Außerdem
1 Ei zum Bestreichen
1 EL Milch zum Bestreichen
je 1 Prise Salz und Zucker
2–3 EL Hagelzucker
2–3 EL Mandelsplitter

1. Für den Teig Rosinen mit heißem Wasser bedecken und einweichen. Butter zerlassen und bei mittlerer Hitze unter Rühren 5–7 Min. weitererhitzen, bis sie eine goldbraune Farbe annimmt und schön nussig duftet. Abkühlen lassen und 50 g abwiegen.

2. In einem kleinen Topf 100 ml Milch mit 1 EL Mehl glatt verrühren. Unter Rühren bei schwacher Hitze eindicken lassen. Vom Herd nehmen und restliche Milch nach und nach unterrühren. Wenn die Mischung lauwarm ist, die Hefe hineinbröseln, 1 TL Zucker unterrühren und alles 10 Min. gehen lassen.

3. Restliches Mehl, Milchmischung, Ei, Vanillezucker und Salz in ca. 5 Min. zu einem geschmeidigen Teig verkneten. Restlichen Zucker nach und nach einrieseln lassen. Dann Nussbutter zugeben und den Teig weitere 5 Min. kneten. Auf die Arbeitsfläche geben. Rosinen abgießen, mit Küchenpapier etwas trocken tupfen und mit den Händen unterkneten. Teig abgedeckt bei warmer Zimmertemperatur 1½ Std. gehen lassen.

4. Ein Backblech mit Backpapier auslegen. Den Teig behutsam niederboxen, dritteln und jeweils zu ca. 45 cm langen Strängen formen. (Wenn zwei kleinere Zöpfe hergestellt werden, sind die Stränge ca. 35 cm lang.) Die Stränge zum Zopf flechten, die Enden gut zusammendrücken und nach unten einschlagen. Den Zopf diagonal auf das Blech legen.

5. Ei mit Milch, Salz und Zucker verquirlen. Den Zopf damit bestreichen und ca. 45 Min. gehen lassen. Den Backofen auf 175 °C (Ober-/Unterhitze) vorheizen. Den Zopf erneut behutsam bepinseln und mit Hagelzucker und Mandelsplittern bestreuen. In 35–40 Min. goldbraun backen, evtl. nach 30 Min. mit Backpapier abdecken. (Kleine Zöpfe sind bereits nach 30 Min. fertig.) Aus dem Ofen nehmen und auf einem Gitter abkühlen lassen.

Schwarzwälder Kirschtorte

Schwarzwälder Kirschtorte bleibt für mich auf ewig mit der Erbacher Konditorei Schlossmühle verbunden, in deren Café ich als Schülerin gearbeitet habe. In dieser Odenwälder Institution konnte es zwar stressig werden, aber der Run auf dieses Café wundert mich gar nicht. Die Torten waren köstlich! Ganz besonders eben die »Schwarzwälder Kirsch'«.

Für 1 Springform (20 cm Ø)
Zubereiten: 1 Std.
Backen: 30 Min.
Kühlen: mind. 4 Std.

Für den Biskuit
85 g Weizenmehl Type 405
40 g Speisestärke
35 g ungesüßtes Kakaopulver
1 Msp. Weinsteinbackpulver
4 Eier
140 g Zucker
1 Prise Salz
35 g Butter, zerlassen

Für die Füllung
1 Glas Sauerkirschen (350 g Abtropfgewicht)
30 g Zucker
ca. 1 geh. EL Speisestärke
1 EL Zitronensaft
1 Msp. gemahlener Zimt
350 g Schlagsahne
1 Pck. Sahnesteif
1 Pck. Bourbon-Vanillezucker
1 EL Zucker (optional)

Außerdem
40–80 ml Kirschwasser
300 g Schlagsahne
1 Pck. Sahnesteif
ca. 75 g Zartbitter-Raspelschokolade
12 frische Kirschen, Amarena-Kirschen oder Kirschen aus dem Glas (vorher gut abtupfen)

1. Den Backofen auf 180 °C (Ober-/Unterhitze) vorheizen und den Boden einer Springform mit Backpapier auslegen. Für den Biskuit Mehl, Stärke, Kakao und Backpulver mischen. Eier, Zucker und Salz 15–20 Min. aufschlagen, bis die Masse Spitzen zieht. Die Mehlmischung daraufsieben und unterheben. Butter unterziehen.

2. Den Teig in die Form füllen und diese ein-, zweimal auf die Arbeitsfläche klopfen. Den Biskuit ca. 30 Min. backen. Aus dem Ofen nehmen und etwas abkühlen lassen. Den Rand lösen, den Kuchen auf ein Gitter stürzen und das Backpapier abziehen. Vollständig auskühlen lassen.

3. Für die Füllung Kirschen in ein Sieb abgießen, den Saft auffangen und 200 ml abmessen. Dann 4 EL davon mit Zucker, Stärke, Zitronensaft und Zimt glatt verrühren. Restlichen Saft aufkochen. Die Stärkemischung zugeben und alles unter Rühren aufkochen. Kirschen unterrühren und vom Herd nehmen. Vollständig abkühlen lassen.

4. Sahne steif schlagen, dabei Sahnesteif und Vanillezucker einrieseln lassen. Den Kuchen wieder wenden und die eventuell gewölbte Oberseite begradigen. Den Biskuit zweimal waagerecht durchschneiden. Alle Böden mit Kirschwasser beträufeln.

5. Den untersten Boden umdrehen und zum Schluss als Deckel verwenden. Den obersten Boden auf eine Kuchenplatte setzen und einen Tortenring darumlegen. Die Hälfte der Kirschen daraufgeben, dabei einen Rand (ca. 1,5 cm) frei lassen. Die Hälfte der Sahne darauf verstreichen, den Rand füllen. Den mittleren Boden auflegen, andrücken und mit den restlichen Kirschen und der restlichen Sahne bestreichen. Den letzten Biskuitboden auflegen, andrücken und die Torte für 2 Std. kalt stellen.

5. Dann 300 g Sahne steif schlagen, dabei Sahnesteif einrieseln lassen. Davon 4 EL in einen Spritzbeutel mit Sterntülle füllen und kalt stellen. Den Tortenring nach oben abziehen und die Torte mit Sahne einstreichen. Von allen Seiten mit Raspelschokolade bestreuen, zwölf Sahnetuffs aufspritzen und mit je einer Kirsche krönen. Die Torte vor dem Servieren ein paar Std. im Kühlschrank durchziehen lassen.

Gedeckter Apfelkuchen

Wenn ich nur einen Kuchen auf eine einsame Insel mitnehmen dürfte, wäre es vermutlich gedeckter Apfelkuchen. Was ich allerdings ganz wichtig finde, ist eine saftige Füllung, deswegen kommt bei mir immer auch Apfelmark dazu. Durch das Blindbacken bleibt der Boden trotzdem schön knusprig.

Für 1 Springform (26 cm Ø)
Zubereiten: 45 Min.
Kühlen: 30 bzw. 10 Min.
Backen: 44 Min.

Für die Füllung
1 kg säuerliche Äpfel (z. B. Boskoop)
½ Vanilleschote, das Mark herausgekratzt
200 g Apfelmark (ungesüßtes Apfelmus)
Abrieb und Saft von ½ Bio-Zitrone
1 EL Rohrohrzucker
1½ TL gemahlener Zimt
60 g Rosinen

Für den Teig
350 g Weizenmehl Type 405
1 TL Weinsteinbackpulver
1 Prise Salz
180 g kalte Butter, in Würfeln
1 Ei
100 g Rohrohrzucker

Außerdem
Butter und Semmelbrösel für die Form
ca. 2 Handvoll getrocknete Linsen oder Erbsen zum Blindbacken
100 g Puderzucker
ca. 3 EL Zitronensaft

1. Äpfel schälen, vierteln, Kerngehäuse entfernen und das Fruchtfleisch in Würfel (1–1,5 cm) schneiden. Alle Zutaten außer Rosinen aufkochen und 5–10 Min. köcheln lassen. Die Äpfel sollen nur ein wenig weich werden. Abkühlen lassen. Die Vanilleschote entfernen. Die Rosinen mit warmem Wasser bedecken und einweichen. Den Boden einer Springform mit Butter bestreichen und mit Semmelbröseln bestreuen.

2. Für den Teig Mehl, Backpulver und Salz vermischen. Butter zugeben und alles mit den Knethaken des Rührgeräts vermengen, bis die Masse feuchtem Sand gleicht. Ei und Zucker schaumig schlagen. Kurz unter die Mehlmischung rühren. Alles mit den Händen zügig zu einem geschmeidigen Teig verkneten und dritteln. Eine Portion zu einer Rolle formen, die anderen zu Scheiben. Eine davon zwischen Backpapier zur Größe der Form ausrollen, hineingeben und mehrfach mit einer Gabel einstechen.

3. Die Rolle so lang rollen, dass sie den Teigboden rundum umschließen kann. Mit den Fingern einen Rand (ca. 4 cm hoch) formen und gut mit dem Teigboden verbinden. Für den Deckel die zweite Teigscheibe ausrollen. Die Springform für 30 Min. in den Kühlschrank oder für 10 Min. ins Gefrierfach stellen, den Teigdeckel in den Kühlschrank legen.

4. Den Backofen auf 180 °C (Ober-/Unterhitze) vorheizen. Den Teigboden mit Backpapier belegen (dafür kann einer der Bögen vom Teigdeckel verwendet werden) und getrocknete Linsen oder Erbsen daraufschütten. Den Boden 12 Min. blindbacken. Das Papier mitsamt Erbsen entfernen und den Boden weitere 2 Min. backen. In der Form auf einem Gitter auskühlen lassen.

5. Rosinen gut abtropfen lassen und unter die Äpfel mischen. Die Füllung auf dem Teigboden verteilen, etwas andrücken und möglichst glatt streichen. Den Teigdeckel darauflegen und am Rand mithilfe einer Gabel andrücken. Mehrfach mit der Gabel einstechen und den Kuchen in 35–40 Min. goldbraun backen. Aus dem Ofen nehmen und ca. 10 Min. abkühlen lassen. Den Springformrand lösen, den Kuchen auf eine Platte setzen. Für den Guss Puderzucker mit Zitronensaft glatt verrühren und den warmen Kuchen damit bestreichen.

Stachelbeer-Baiser-Torte

Die Kuchentheken in Omi-Cafés können noch so bunt bestückt sein, meine Wahl fällt ganz oft auf Stachelbeer-Baiser oder Schwarzwälder Kirschtorte (siehe Seite 132). Das ist wie bei Spaghetti-Eis. Klar, Abwechslung oder gar Abenteuer sind super, aber diese Grandes Dames sind halt superer!

Für 1 Springform (26 cm Ø)
Zubereiten: 1 Std.
Backen: 45 Min.
Kühlen: 30 Min.

Für den Mürbeteig
60 g Butter
30 g Puderzucker
Mark von ½ Vanilleschote
1 Eigelb
1 Prise Salz
90 g Weizenmehl Type 405

Für den Biskuit
60 g Weizenmehl Type 405
30 g Speisestärke
25 g gemahlene blanchierte Mandeln
3 Eier, getrennt
75 g Zucker
Abrieb von ½ Bio-Zitrone
25 g Butter, zerlassen, lauwarm

Für die Füllung
2 Gläser Stachelbeeren (je 390 g Abtropfgewicht)
2 Pck. Vanillepuddingpulver (80 g)

Für das Baiser:
5 Eiweiß
250 g Zucker

Außerdem
Butter oder Öl für die Form
Mehl zum Arbeiten
2 EL Aprikosenkonfitüre
100 g Mandelblättchen

1. Den Boden einer Springform fetten. Für den Mürbeteig alle Zutaten zügig zu einem homogenen Teig verarbeiten. Auf der bemehlten Arbeitsfläche dünn ausrollen, in die Backform geben und mit einer Gabel mehrfach einstechen. Für ein paar Min. ins Gefrierfach stellen. Währenddessen den Backofen auf 160 °C (Ober-/Unterhitze) vorheizen. Den Boden in ca. 20 Min. goldbraun backen. Aus dem Ofen nehmen, abkühlen lassen und auf ein Backblech oder einen Tortenretter setzen. Die Springform reinigen und den Boden fetten. Die Ofentemperatur auf 180 °C erhöhen.

2. Für den Biskuit Mehl, Stärke und Mandeln vermischen. Eiweiß steif schlagen, 50 g Zucker unter Rühren einrieseln lassen. Schlagen, bis sich der Zucker aufgelöst hat. Eigelb und 25 g Zucker hell-cremig aufschlagen. Eischnee unterheben, dann die Mehlmischung. Butter unterziehen. Den Teig in die Springform füllen und auf der zweiten Schiene von unten ca. 25 Min. backen. Aus dem Ofen nehmen und abkühlen lassen. Den Mürbeteig mit Aprikosenkonfitüre bestreichen und den Biskuit daraufsetzen. Einen Tortenring darumlegen.

3. Beeren in ein Sieb gießen, Saft auffangen und 600 ml abmessen (evtl. mit Wasser auffüllen). Puddingpulver mit etwas Saft glatt verrühren, restlichen Saft aufkochen. Puddingmischung zugeben und unter Rühren 1 Min. köcheln lassen. Vom Herd nehmen und Beeren unterheben. Auf den Biskuit geben und für ca. 30 Min. kalt stellen.

4. Für das Baiser Eiweiß mit Zucker unter Rühren über dem Wasserbad erhitzen, bis die Masse weiß und dünnflüssig ist. Vom Wasserbad nehmen und so lange schlagen, bis die Masse auf Zimmertemperatur abgekühlt ist. Den Backofengrill anschalten.

5. Tortenring entfernen und einen Teil des Baisers auf der Stachelbeermasse und am Rand der Torte verstreichen. Den Rand mit Mandelblättchen bestreuen. Torte für wenige Min. in den Ofen geben. Dann auf der Oberseite mit dem restlichen Baiser garnieren. Dazu frei Hand dekorative Spitzen hochziehen oder mithilfe eines Spritzbeutels mit Sterntülle (z. B. 13 mm Ø) Girlanden aufspritzen. Erneut bräunen.

SLOW BAKING

AUSGEFALLENES FÜR
DEN GROSSEN AUFTRITT

Himmelstorte mit Rhabarber und Himbeeren

Baiser und Rhabarber, Himbeeren und Sahne – also wenn das nicht eine wahrlich himmlische Torte ist, dann weiß ich auch nicht! Beim Verteilen des Teiges auf die Springformböden scheint es, als würde er nicht reichen, und auch beim Lösen aus der Form wirkt die Struktur etwas fragil (nicht umsonst wird das Gebäck vielerorts auch »Trümmertorte« genannt), doch das passt schon. Am Ende wird eine feine Torte daraus, versprochen!

Für 2 Springformen (à 26 cm Ø)
Zubereiten: 45 Min.
Backen: 25 Min.
Kühlen: 2 Std.

Für den Teig
125 g Weizenmehl Type 405
½ Pck. Weinsteinbackpulver
1 Prise Salz
100 g weiche Butter
300 g Zucker
1 Pck. Bourbon-Vanillezucker
5 Eier, getrennt
80 g Mandelblättchen

Für die Füllung
400 g Rhabarber, in 2–3 cm langen Stücken
100 g frische Himbeeren
100 g Zucker
8 EL Rhabarbersaft (alternativ Wasser)
40 g Speisestärke
500 g Schlagsahne
2 Pck. Sahnesteif
1 Pck. Bourbon-Vanillezucker

Außerdem
Butter oder Öl für die Formen

1. Den Backofen auf 175 °C (Ober-/Unterhitze) vorheizen und die Böden von zwei Springformen fetten. Für den Teig Mehl, Backpulver und Salz vermischen. Butter, 100 g Zucker und Vanillezucker cremig aufschlagen. Nach und nach Eigelb unterrühren. Die Mehlmasse daraufsieben und kurz unterheben. Jeweils die Hälfte des Teigs in die Formen geben und glatt verstreichen.

2. Eiweiß aufschlagen und restlichen Zucker unter Rühren einrieseln lassen. Weiterschlagen, bis sich der Zucker aufgelöst hat. Den Eischnee auf den beiden Böden verteilen und dekorative Spitzen ziehen. Mit Mandelblättchen bestreuen und in ca. 25 Min. goldbraun backen. Aus dem Ofen nehmen und auf Gittern abkühlen lassen. Aus den Backformen lösen. Einen der Böden auf eine Kuchenplatte setzen.

3. Für die Füllung Rhabarber, Himbeeren, Zucker und 4 EL Rhabarbersaft 8 Min. kochen. Stärke mit restlichem Saft glatt verrühren, zugeben und alles unter Rühren 1 Min. weiterkochen. Vom Herd nehmen und lauwarm abkühlen lassen. Anschließend auf den Tortenboden streichen und vollständig auskühlen lassen.

4. Die Sahne mit Sahnesteif und Vanillezucker steif schlagen. Auf dem Rhabarber verteilen und glatt verstreichen. Die Torte für 2 Std. kalt stellen. Vor dem Servieren den zweiten Boden im Ganzen oder schon in Stücke geschnitten auf die Sahne setzen.

TIPP
Wenn nur eine Form vorhanden ist, können die Böden nacheinander gebacken werden.

Aprikosen-Tarte-Tatin mit Honig-Karamell

Für eine Tarte Tatin werden Früchte in geschmolzenen Zucker gesetzt, mit Teig bedeckt und gebacken. Nachdem das Obst unter der Teigdecke im goldbraun karamellisierenden Zucker garen durfte, wird die Tarte gewendet. Dies erfordert gleichzeitig Vorsicht und Resolutheit, vor allem aber Ofenhandschuhe. Doch nach diesem gewagten Manöver steht dem Genuss nichts mehr im Weg: nur leicht abkühlen lassen, eine Kugel Vanilleeis dazu und bon appétit!

Für 1 Tarte-Tatin-Form oder Pfanne (ca. 20 cm Ø)
Zubereiten: 30 Min.
Backen: 25 Min.

6–10 Aprikosen (je nach Größe)
4 Zweige Thymian
80 g Rohrohrzucker
50 g Butter
2 TL Honig
½ TL Zitronensaft
200 g Blätterteig (aus dem Kühlregal)

Außerdem
Vanilleeis zum Servieren

1. Den Backofen auf 180 °C (Ober-/Unterhitze) vorheizen. Aprikosen halbieren und entsteinen. Thymianblättchen abzupfen. Zucker in einer Tarte-Tatin-Form oder ofenfesten Pfanne bei mittlerer Hitze schmelzen und leicht karamellisieren lassen. Die Hitze reduzieren und Butter mit Honig, Zitronensaft und 1 TL Thymianblättchen einrühren. Aprikosen mit der gewölbten Seite nach unten in die Pfanne legen. Dann vom Herd nehmen.

2. Blätterteig entrollen, rund ausschneiden (ca. 22 cm Ø; es muss nicht sehr genau sein), auf die Aprikosen legen und die Ränder nach innen drücken. Mit einer Gabel mehrmals einstechen und die Tarte in 25 Min. goldbraun backen.

3. Aus dem Ofen nehmen und kurz abkühlen lassen. Eventuell ein wenig Karamell abgießen und beiseitestellen. Einen großen Teller auflegen und die Tarte stürzen. Das ist meistens eine etwas unsaubere Angelegenheit, daher hierfür am besten eine große Platte oder ein Backblech darunterstellen.

4. Die Tarte mit dem beiseitegestellten Karamell beträufeln und mit Thymianblättchen bestreuen. Mit Vanilleeis servieren.

Karpatka – Polnischer Windbeutelkuchen

Diese nach einer Gebirgskette benannte polnische Cremeschnitte macht auf dem Kaffeetisch richtig was her. Wie viel Füllung eine Karpatka enthält, ist Geschmackssache. Wenn jemand 50 Prozent mehr Creme zwischen die Teigböden streicht, bin ich die Letzte, die schimpft …

Für 2 rechteckige Formen (à 24 × 20 cm)
Zubereiten: 45 Min.
Backen: 25 Min.
Kühlen: 2 Std.

Für die Füllung
370 ml Milch
1 Vanilleschote, das Mark herausgekratzt
2 Eigelb
50 g Zucker
2 EL Weizenmehl Type 405
2 EL Vanillepuddingpulver
80 g weiche Butter

Für den Brandteig
75 g Butter
1 TL Zucker
1 Prise Salz
125 g Weizenmehl Type 405
3 Eier
½ TL Weinsteinbackpulver

Außerdem
Butter und Mehl für die Form
Puderzucker zum Bestäuben

1. Für die Füllung 300 ml Milch mit Vanillemark und -schote erhitzen, bis die Milch dampft. Vom Herd nehmen. Eigelb und Zucker in 2 Min. hell-cremig aufschlagen. Restliche Milch unterrühren. Mehl und Puddingpulver kurz untermischen. Die Hälfte der warmen Milch im feinen Strahl unter Rühren zugeben. Die Vanilleschote entfernen, die Masse in den Topf geben und aufkochen, dabei konstant mit dem Schneebesen rühren. Alles 1 Min. köcheln lassen, vom Herd nehmen und einen Silikondeckel oder Frischhaltefolie direkt auf die Oberfläche der Creme legen. Diese vollständig auskühlen lassen.

2. Den Backofen auf 190 °C (Ober-/Unterhitze, nicht Umluft) vorheizen und die Böden von zwei rechteckigen Backformen dünn mit Butter fetten und mit etwas Mehl ausstreuen. Für den Brandteig Butter, Zucker, Salz und 125 ml Wasser in einem Topf erhitzen, bis die Butter geschmolzen ist. Mehl auf einmal zugeben und alles unter Rühren mit einem Holzlöffel 1 Min. weitererhitzen. Den Teig in eine Schüssel geben und etwas abkühlen lassen.

3. Eier mit dem Rührgerät oder Holzlöffel unterrühren. Dabei immer erst das nächste Ei zugeben, wenn das vorherige vom Teig aufgenommen wurde. Zum Schluss Backpulver darübersieben und einarbeiten.

4. Jeweils die Hälfte des Teiges auf einen Backformboden streichen. Das ist etwas knifflig, denn der klebrige Teig ist recht widerspenstig. Er sollte am Ende keine Löcher haben, muss aber nicht völlig gleichmäßig verstrichen sein. In 20–25 Min. goldgelb backen. Wenn die beiden Formen nicht nebeneinanderpassen, die Böden nacheinander (nicht übereinander!) backen. Auf einem Gitter abkühlen lassen.

5. Für die Füllung die kalte Creme kurz geschmeidig rühren. Butter in ca. 5 Min. hell aufschlagen. Die Creme esslöffelweise unterrühren. Auf einem Teigboden verteilen. Den zweiten Boden daraufsetzen und die Karpatka für 1–2 Std. kalt stellen. Vor dem Servieren großzügig mit Puderzucker bestäuben.

Heidelbeer-Galette mit Zitronenthymian

Diese Galette ist ein ganz schnelles Nümmerchen, man muss sie vor dem Vernaschen noch nicht einmal abkühlen lassen. Ich verwende hier TK-Heidelbeeren, denn man bekommt bei uns ja nur sehr selten frische, und Blaubeeren eignen sich nicht so gut, denn sie sind zu wässrig und nicht aromatisch genug. Wem aber das Beerenglück im Sommer hold ist, dem kann ich die Verwendung frisch gepflückter Waldheidelbeeren nur ans Herz legen – was für eine Delikatesse!

Für 1 Galette
Zubereiten: 30 Min.
Kühlen: 30 Min.
Backen: 40 Min.

Für den Teig
160 g Weizenmehl Type 405
1 EL feinster Zucker
1 Pck. Bourbon-Vanillezucker
1 TL Zitronenabrieb
¼ TL Salz
100 g sehr kalte Butter, in Würfeln
2–3 EL eiskaltes Wasser

Für den Belag
300 g TK-Heidelbeeren (unaufgetaut)
50 g Zucker
2 EL Speisestärke
1 EL Zitronensaft
1 TL Zitronenthymian-Blättchen (alternativ normaler Thymian)
1 TL Zitronenabrieb
1 Prise Salz
2–3 EL gemahlene Mandeln

Außerdem
Mehl zum Arbeiten
1 Ei zum Bestreichen
1–2 EL grober brauner Zucker zum Bestreuen
Zitronenthymianblättchen
Vanilleeis zum Servieren

1. Für den Teig alle Zutaten außer Wasser in einem Blitzhacker so lange hacken, bis die Masse feuchtem Sand gleicht. Alternativ die Zutaten mit einem Messer durchhacken. Zum Schluss Eiswasser zugeben und alles kurz vermengen. Den Teig zu einer Scheibe formen, aber nicht mehr lange kneten. In ein Bienenwachstuch oder in Frischhaltefolie wickeln und für 30 Min. kalt stellen.

2. Den Backofen auf 190 °C (Ober-/Unterhitze) vorheizen und ein Blech mit Backpapier auslegen. Für den Belag Heidelbeeren mit Zucker, Stärke, Zitronensaft, Thymian, Zitronenabrieb und Salz mischen. Kurz antauen lassen und erneut mischen, bis etwas Saft austritt und der Zucker an den Beeren haften bleibt.

3. Den Teig auf der bemehlten Arbeitsfläche ausrollen (30 cm Ø). Es ist okay, wenn der Rand etwas einreißt, das dient sogar dem rustikalen Aussehen. Den Teig auf das Blech ziehen. In der Mitte behutsam einen Kreis (ca. 23 cm Ø) markieren; hierfür einen Teller oder eine Backform leicht in den Teig drücken. Mandeln innerhalb dieses Kreises verteilen und darauf die Heidelbeeren geben. Den Rand rundum über die Füllung klappen, sodass er alle paar Zentimeter eine Falte formt.

4. Ei mit 1 EL Wasser verquirlen. Den Teigrand damit bestreichen und mit braunem Zucker bestreuen. Die Galette in ca. 40 Min. goldbraun backen.

5. Aus dem Ofen nehmen und die oberste Schicht der Beeren mit der gewölbten Seite einer Gabel ein wenig eindrücken, dann glänzt die Galette wieder schön. Lauwarm abkühlen lassen, mit Zitronenthymian garnieren und mit Vanilleeis servieren.

Himbeer-Limetten-Torte

Voilà, die frischeste Torte, die der Sommer zu bieten hat!
Der Quark in der Füllung macht sie für Tortenverhältnisse wunderbar leicht, aromatische Limette und Himbeere sorgen für sonnige Stimmung.

Für 1 Springform (20 cm Ø)
Zubereiten: 45 Min.
Backen: 30 Min.
Kühlen: 30 Min.

Für den Biskuit
100 g Weizenmehl Type 405
70 g gemahlene blanchierte Mandeln
¼ TL Weinsteinbackpulver
4 Eier, getrennt
120 g Zucker
1 Prise Salz

Für die Füllung
1 Bio-Limette
350 g Magerquark
50 g Zucker
150 g Schlagsahne
2 Pck. Sahnesteif
1 EL Himbeerkonfitüre
ca. 180 g frische Himbeeren

Außerdem
250 g Schlagsahne
ca. 100 g frische Himbeeren zum Garnieren
Zesten von 1 Bio-Limette (alternativ Abrieb) zum Garnieren

1. Den Backofen auf 180 °C (Ober-/Unterhitze) vorheizen und den Boden einer Springform mit Backpapier auslegen. Für den Biskuit Mehl, Mandeln und Backpulver vermischen. Eiweiß mit 3 EL Zucker und Salz steif schlagen. Eigelb mit restlichem Zucker hell-cremig aufschlagen. Eischnee dazugeben, Mehlmischung darübersieben und alles unterheben.

2. Den Teig in die Form füllen, glatt streichen und in 25–30 Min. goldbraun backen. Den Biskuit aus dem Ofen nehmen und dann vollständig abkühlen lassen.

3. Für die Füllung die Limettenschale fein abreiben und den Saft auspressen. Quark mit 1 TL Limettenabrieb und Zucker vermischen. Mit Limettensaft abschmecken. Sahne mit Sahnesteif aufschlagen und unter den Quark heben. Etwas mehr als die Hälfte der Creme abnehmen und mit Himbeerkonfitüre mischen. Die helle Quarkmasse in einen Spritzbeutel mit großer Lochtülle füllen. Beides bis zur Verwendung kalt stellen. Himbeeren längs halbieren.

4. Den Biskuit aus der Form lösen und zweimal waagerecht durchschneiden. Den obersten Boden mit der Oberseite nach unten auf eine Kuchenplatte legen und einen Tortenring darumlegen. Mit dem Spritzbeutel einen Cremerand spritzen (der verhindert, dass sich später das Äußere der Torte rosa färbt). Die Hälfte der Himbeeren mit der gewölbten Seite nach oben ins Innere des Cremerands setzen und mit Himbeercreme bestreichen. Den mittleren Boden darauflegen und wie vorher einen Rand spritzen und die Himbeeren im Inneren anordnen. Mit dem Rest der Himbeercreme bestreichen. Den untersten Boden mit der Unterseite nach oben auflegen und gut andrücken. Die Torte für 30 Min. kalt stellen.

5. Sahne steif schlagen. Den Tortenring lösen und die Torte mit Sahne einstreichen. Am Rand mit einer Palette oder einem Löffelrücken Streifen nach oben ziehen. Kalt stellen. Vor dem Servieren mit Himbeeren und Limettenzesten garnieren.

Fruchtiger Carrot Cake

Dies ist der saftigste Möhrenkuchen, den ich mir je ausgedacht habe. Seine Geheimzutat schrammt am Kitsch, verfehlt aber nicht ihre Wirkung: Ananas aus der Dose. Sie hält sich geschmacklich im Hintergrund, spielt aber eine wichtige Rolle für die Konsistenz.

Für 2 Springformen (à 18 cm Ø)
Zubereiten: 45 Min.
Rösten: 15 Min.
Backen: 45 Min.
Kühlen: 30 Min.

Für den Teig
150 g Pekannusskerne
200 g Weizenmehl Type 405
1 TL Weinsteinbackpulver
1 gestr. TL Natron
1 TL gemahlener Zimt
¼ TL gemahlener Ingwer
1 Msp. geriebene Muskatnuss
¼ TL Salz
200 g Möhren
1 kleine Dose Ananasstücke (142 g Abtropfgewicht)
1 EL Zitronensaft
3 Eier
150 g brauner Zucker
1 TL Vanilleextrakt
150 g Kokosöl, flüssig

Für das Frosting
350 g Doppelrahmfrischkäse (Zimmertemperatur)
150 g weiche Butter
Mark von 1 Vanilleschote
150 g Puderzucker

Außerdem
Butter oder Öl für die Formen
1 Möhre zum Garnieren

1. Den Backofen auf 150 °C (Ober-/Unterhitze) vorheizen und zwei Springformen fetten. Die Pekannüsse auf ein Blech geben und im Ofen ca. 15 Min. rösten. Aus dem Ofen nehmen, auf einem Teller abkühlen lassen und grob hacken, 50 g zum Garnieren beiseitelegen. Die Backofentemperatur auf 175 °C erhöhen.

2. Mehl, Backpulver, Natron, Zimt, Ingwer, Muskat und Salz vermischen. Möhren gründlich waschen und fein raspeln. Ananasstücke aus dem Saft heben (den Saft aufheben!) und fein pürieren. Dann 40 g davon abnehmen und kalt stellen, den Rest mit Zitronensaft und 3 EL Ananassaft zu den Möhren geben und vermischen. Restlichen Ananassaft ebenfalls kalt stellen.

3. Eier mit Zucker aufschlagen, bis sich dieser aufgelöst hat. Vanilleextrakt und Kokosöl unterrühren. Die Mehlmischung nur kurz unterheben. Dann Möhren und zum Schluss Nüsse unterrühren. Den Teig in die Formen füllen und in 40–45 Min. goldbraun backen. Aus dem Ofen nehmen und vollständig abkühlen lassen.

4. Für das Frosting Frischkäse und Butter cremig rühren. Es ist wichtig, dass beide Zutaten Zimmertemperatur haben, damit eine homogene Masse entsteht. Anschließend erst Vanillemark, dann das zurückgehaltene Ananaspüree, 3 EL Ananassaft und 100 g Puderzucker unterrühren. Das Frosting für 30 Min. kalt stellen.

5. Die Teigböden halbieren, sodass vier Böden entstehen. Einen der beiden Deckel beiseitelegen. Die anderen drei Schichten mit je einem Viertel des Frostings bestreichen und stapeln. Zum Schluss den Deckel auflegen und ebenfalls bestreichen. Die Möhre zum Garnieren schälen und längs in feine Streifen hobeln. In die Mitte des Kuchens setzen. Nüsse auf den Rand streuen. Den Kuchen im Kühlschrank aufbewahren.

Birnentarte mit Vanille und gebrannten Mandeln

Die Tarte lässt sich natürlich auch mit den gekauften gebrannten Mandeln zubereiten, aber der tolle Duft, der beim Selbst-Karamellisieren die Küche durchströmt, macht wirklich glücklich. Das Rezept ergibt etwas zu viele gebrannte Mandeln, doch in der Vergangenheit hat sich ein Naschpuffer als sinnvoll erwiesen …

Für 1 Tarteform (26 cm Ø)
Zubereiten: 45 Min.
Kochen (Birnen): 12 Min.
Backen: 45 Min.

Für die gebrannten Mandeln
- 100 g Rohrohrzucker
- 1 Pck. Bourbon-Vanillezucker
- ½ TL gemahlener Zimt
- 100 g Mandeln

Für die Füllung
- 1 kg Birnen (ca. 7 Stück)
- 30 g Rohrohrzucker
- 1 Vanilleschote, das Mark herausgekratzt
- 2 TL Zitronensaft

Für den Teig
- 60 g gebrannte Mandeln (siehe oben)
- 180 g Weizenmehl Type 405
- 50 g Rohrohrzucker
- ¼ TL Salz
- 125 g Butter, zerlassen

Außerdem
- 1 EL Rohrohrzucker zum Bestreuen
- 1 EL Apfel- oder Quittengelee (alternativ Aprikosenkonfitüre)
- 50 g gebrannte Mandeln (siehe oben), grob gehackt

1. Für die Mandeln Backpapier auf ein Brett legen. Zucker, Vanillezucker, Zimt und 50 ml Wasser in einer beschichteten Pfanne aufkochen. Mandeln darin bei schwacher bis mittlerer Hitze unter Rühren kochen, bis der Zucker hart wird. Kurz weitererhitzen, bis der Zucker wieder schmilzt. Gebrannte Mandeln auf dem Backpapier verteilen und auskühlen lassen.

2. Drei Birnen schälen, vierteln und das Kerngehäuse entfernen. Das Fruchtfleisch in ca. 1,5 cm breite Würfel schneiden und mit Zucker, Vanillemark und -schote, 1 EL Wasser und 1 TL Zitronensaft abgedeckt aufkochen. Nach ca. 2 Min. den Deckel abnehmen und alles weitere 12 Min. köcheln lassen. Die Flüssigkeit sollte fast vollständig verkocht sein. Vom Herd nehmen, die Vanilleschote entfernen. Etwas Wasser mit 1 TL Zitronensaft in eine Schüssel füllen. Restliche Birnen schälen, vierteln und entkernen. Das Fruchtfleisch in feine Spalten schneiden. Diese in das Zitronenwasser legen, damit sie nicht braun werden.

3. Den Backofen auf 175 °C (Ober-/Unterhitze) vorheizen. Für den Teig 60 g gebrannte Mandeln im Blitzhacker oder Standmixer zermahlen. Mehl, Zucker und Salz zugeben und alles kurz durchmixen. Zerlassene Butter zugeben und alles pulsierend zu Streuseln verarbeiten. (Die Streusel können auch in einer Schüssel zubereitet werden.) In eine ungefettete Tarteform mit Hebeboden oder in eine Springform füllen und hineindrücken; dabei einen kleinen Rand formen. Den Boden 15 Min. vorbacken. Aus dem Ofen nehmen. Diesen nicht ausschalten.

4. Gewürfelte Birnenstücke auf dem Tarteboden verteilen. Birnenspalten mit der gewölbten Seite nach außen überlappend im Kreis darauf anordnen. Mit 1 EL Zucker bestreuen und die Tarte in 25–30 Min. fertig backen.

5. Gelee erhitzen. Tarte aus dem Ofen nehmen und den Backofengrill anschalten. Birnen mit Gelee bestreichen und kurz unter dem Grill karamellisieren lassen. Aus dem Ofen nehmen und den Rand mit gehackten gebrannten Mandeln bestreuen. Vor dem Servieren abkühlen lassen.

Cheesecake mit Schwarzen Johannisbeeren und Rosmarin

In meinen frühesten Kindheitserinnerungen stehe ich im Garten meiner Großeltern und nasche Schwarze Johannisbeeren direkt vom Strauch. Sie haben nur kurz Saison, da muss man Glück haben. Wenn sie nicht erhältlich sind oder das Topping weniger sauer sein soll, kann es auch mit Heidelbeeren oder gemischten Beeren hergestellt werden. In dem Fall reichen 50–80 g Zucker.

Für 1 Springform (20 cm Ø)
Zubereiten: 25 Min.
Backen: 1 Std. 5 Min.
Ruhen und Kühlen: ca. 3 Std.

Für den Boden
100 g Butterkekse
50 g Butter, zerlassen
½ EL fein gehackter Rosmarin
1 TL brauner Zucker
1 Prise Salz

Für die Füllung
450 g Doppelrahmfrischkäse
150 g Zucker
1½ EL Weizenmehl
1 TL Vanilleextrakt
3 Eier, verquirlt
80 g saure Sahne
Abrieb und ½ EL Saft von ½ Bio-Zitrone

Für das Topping
280 g Schwarze Johannisbeeren (frisch oder TK)
100 g Zucker
1 kleiner Zweig Rosmarin
1 leicht geh. EL Speisestärke

Außerdem
Butter oder Öl für die Form

1. Den Backofen auf 175 °C (Ober-/Unterhitze) vorheizen und den Boden einer Springform leicht fetten. Für den Boden Kekse im Blitzhacker zerkleinern. Butter, Rosmarin, Zucker und Salz zugeben und alles kurz durchmixen. Alternativ Kekse in einen verschließbaren Gefrierbeutel füllen, diesen verschließen und die Kekse mithilfe eines Topfes oder Nudelholzes zerkleinern. Dann mit den restlichen Zutaten mischen.

2. Die Mischung in die Form drücken (keinen Rand formen) und 10 Min. backen. Aus dem Ofen nehmen und abkühlen lassen. Die Ofentemperatur auf 160 °C reduzieren. Die abgekühlte Backform rundum mit einer doppelten Lage Alufolie einschlagen, sodass sie wasserdicht ist. Der Kuchen wird im Wasserbad gebacken, damit er langsam durchgart, nicht reißt oder trocken wird. Hierfür ca. 1 l Wasser aufkochen und eine hohe, rechteckige Backform, in die die Springform passt, bereitstellen.

3. Für die Füllung Frischkäse glatt rühren. Restliche Zutaten zugeben und alles kurz mit dem Schneebesen verrühren (nicht schlagen, die Masse soll nicht luftig werden). Auf den Teigboden geben und glatt verstreichen. Die Form in die rechteckige Form setzen und diese mit kochendem Wasser füllen, sodass es bis zur Hälfte der Springform reicht.

4. Den Cheesecake ca. 55 Min. backen. Den Ofen ausschalten, die Tür einen Spalt öffnen und den Kuchen 1 Std. darin abkühlen lassen. Aus dem Wasserbad heben und bei Zimmertemperatur auskühlen lassen.

5. Für das Topping drei Viertel der Beeren mit 5 EL Wasser, Zucker und Rosmarin erhitzen, bis der Saft beginnt auszutreten, die Beeren aber noch ihre Form behalten. Stärke mit 1 EL Wasser glatt verrühren und zugeben. Alles mind. 1 Min. köcheln lassen, bis die Masse etwas andickt. Vom Herd nehmen, restliche Beeren unterrühren und Rosmarin entfernen. Auf Zimmertemperatur abkühlen lassen. Den Cheesecake auf eine Kuchenplatte setzen und mit den Beeren servieren.

Sonnige Mango-Maracuja-Babka

Yelda und ich haben bei einem unserer zahlreichen Telefonate überlegt, womit diese Babka gefüllt sein könnte. Denn, so gerne wir Schokolade, Nüsse und Zimt mögen, es sollte mal etwas anderes sein. Es war wohl unsere große Liebe für strahlende Sommertage, die zum Ergebnis führte. Denn was kann schon Mango und Maracuja an Sonnigkeit toppen?

Für 1 Kastenform (25 × 11 cm)
Zubereiten: 45 Min.
Gehen: 3½ Std.
Kochen (Mango): 15 Min.
Backen: 40 Min.

Für den Teig
300 g Weizenmehl Type 405
½ Pck. Trockenhefe
½ TL Salz
100 ml Maracuja-Saft
50 g Zucker
Abrieb von 1 Bio-Orange
25 ml Milch
50 g weiche Butter

Für die Füllung
300 g Mango-Fruchtfleisch, gewürfelt (frisch oder TK)
3 EL Zucker
4 EL Maracuja-Saft
1 Vanilleschote, das Mark herausgekratzt
3 TL Speisestärke

Für den Sirup
30 ml Maracuja-Saft
30 g Zucker

Außerdem
ca. 1 EL Maracuja-Saft
50 g Puderzucker

1. Für den Teig Mehl, Hefe und Salz vermischen. Saft, Zucker und Orangenabrieb zugeben und alles verkneten. Milch ca. 5 Min. unterkneten. Butter zugeben und den Teig weitere 10 Min. kneten. Abgedeckt bei warmer Zimmertemperatur 2 Std. aufgehen lassen.

2. Für die Füllung Mango mit Zucker, 2 EL Maracuja-Saft, Vanillemark und -schote in einem Topf ca. 15 Min. köcheln lassen. Die Vanilleschote entfernen. Stärke mit 2 EL Maracuja-Saft glatt verrühren, zugeben. Alles 1 Min. weiterköcheln lassen. Vom Herd nehmen, mit einer Gabel etwas zerdrücken und vollständig abkühlen lassen.

3. Eine Kastenform mit Backpapier auslegen. Den Teig auf der unbemehlten Arbeitsfläche zu einem Rechteck (ca. 25 × 35 cm) ausrollen. Bei den folgenden Arbeitsschritten muss schnell und resolut gearbeitet werden! Es ist aber auch nicht schlimm, wenn dabei etwas von der Füllung »aus der Bahn« gerät. Den Teig mit der Füllung bestreichen, dabei rundum ca. 3 cm Rand frei lassen. Von der kurzen Seite her aufrollen. Die Rolle mit der Naht nach unten vor sich legen und mit einem scharfen Messer längs (!) halbieren, sodass zwei lange Stränge entstehen. Die Stränge nun umeinanderwickeln: Dafür beide Stränge zunächst in der Mitte zu einem schrägen Kreuz legen. (Die Füllung sollte nach oben zeigen.) Dann zunächst die Enden, die rechts liegen, umeinanderwickeln, anschließend die linken. Den Zopf in die Backform setzen und abgedeckt 1–1½ Std. bei warmer Zimmertemperatur gehen lassen.

4. Den Backofen auf 180 °C (Ober-/Unterhitze) vorheizen. Die Babka 25 Min. backen, danach evtl. mit Backpapier abdecken und weitere 15 Min. backen.

5. Für den Sirup Saft und Zucker in einem Topf bei schwacher Hitze 1 Min. köcheln lassen. Vom Herd nehmen. Babka aus dem Ofen nehmen, sofort mit dem heißen Sirup bepinseln und abkühlen lassen. Für die Glasur Saft und Puderzucker glatt verrühren und mit einem Löffelchen in feinen Linien quer über die Babka träufeln.

Erdbeertarte mit Schokoboden

Die Zubereitung dieses hübschen Erdbeerträumchens ist ein wahres Kinderspiel, also genau das Richtige für den Sommer. Lediglich – und da ist sie mit der Apfeltarte verwandt – die Anordnung der Beeren dauert ein Weilchen. Am besten bereitet man Boden und Creme schon am Vortag zu. Ist die Tarte fertig angerichtet, sollte sie auch vernascht werden, denn sie schmeckt frisch am leckersten.

Für 1 Springform (26 cm Ø)
Zubereiten: 30 Min.
Kühlen: 1½ Std.
Backen: 12 Min.

Für den Teig
150 g Weizenmehl Type 405
65 g ungesüßtes Kakaopulver
1 gestr. EL Speisestärke
1 Msp. Salz
190 g weiche Butter
85 g Puderzucker
1 TL Vanilleextrakt

Für die Creme
250 g Mascarpone
80 g Crème fraîche
70 g Puderzucker
Mark von 1 Vanilleschote
Abrieb und ein paar Spritzer Saft von ½ Bio-Zitrone

Für den Belag
450 g frische Erdbeeren
ca. 2 EL Erdbeergelee (alternativ Himbeer- oder Johannisbeergelee)
10 kleine Minzeblättchen zum Garnieren

1. Für den Teig Mehl, Kakao, Stärke und Salz vermischen. Butter mit Puderzucker und Vanilleextrakt verquirlen. Die Mehlmischung nur kurz unterrühren. Den Boden einer Springform mit Backpapier auslegen und den Teig hineindrücken. Für 1 Std. kalt stellen.

2. Den Backofen auf 180 °C (Ober-/Unterhitze) vorheizen. Den Teigboden 12 Min. backen. Aus dem Ofen nehmen, abkühlen lassen, auf eine Kuchenplatte stürzen und das Backpapier entfernen.

3. Für die Creme alle Zutaten kurz glatt verrühren. Den Tarteboden mit einem Tortenring umschließen und die Masse darauf verstreichen. Die Tarte für 30 Min. kalt stellen.

4. Den Tarteboden aus dem Kühlschrank holen und den Tortenring entfernen. Erdbeeren längs in Scheiben schneiden und mit der Spitze nach außen zeigend fächerförmig auf der Creme anordnen. Gelee bei schwacher Hitze erwärmen und vorsichtig auf die Beeren pinseln.

5. Die Erdbeertarte bis zum Servieren kalt stellen. Mit Minzeblättchen garnieren und sofort servieren.

TIPP
Wenn man vorsichtig beim Bestreichen mit der Creme arbeitet, ist ein Tortenring nicht zwingend notwendig.

Povitica – Kroatischer Nussstrudel

Fast wirken sie hypnotisch, die Spiralen dieses Festtagsstrudels! Und sie haben ihre Wirkung nicht verfehlt: Seit ich ihn zum ersten Mal gesehen habe, wollte ich diesen Prachtburschen im Buch haben. Traditionell verwendet man für die Füllung Walnüsse, doch auch Haselnüsse sind köstlich.

Für 1 Kastenform (25 × 11 cm)
Zubereiten: 1 Std.
Gehen: 6 Std.
Backen: 1 Std.

Für den Teig
230 g Weizenmehl Type 405
60 g Weizenmehl Type 550
1 TL Trockenhefe
120 ml Milch, lauwarm erhitzt
1 Ei
½ TL Salz
50 g Rohrohrzucker
20 g Butter, zerlassen

Für die Füllung
280 g Walnüsse
100 g Muscovado-Zucker (alternativ brauner Zucker)
50 g Zartbitter-Raspelschokolade
1 Pck. Bourbon-Vanillezucker
½ EL ungesüßtes Kakaopulver
1 TL gemahlener Zimt
1 Prise Salz
60 ml Milch
60 g Butter
1 Eigelb

Außerdem
Butter oder Öl für die Form
Mehl zum Arbeiten
25 g Butter, zerlassen
Puderzucker zum Bestäuben (optional)

1. Für den Teig Mehlsorten und Hefe vermischen. Milch, Ei, Salz und 1 EL Wasser zugeben und alles mit den Knethaken des Rührgeräts auf schwacher Stufe 2 Min. vermengen, dann 2 Min. auf hoher Stufe kneten. Zucker esslöffelweise einrieseln lassen und immer erst die nächste Portion zugeben, wenn der Zucker eingearbeitet ist. Das sollte ca. 5 Min. dauern. Butter nach und nach zugeben und den Teig weitere 15 Min. kneten. Er ist dann leicht klebrig und weich, aber elastisch. Den Teig abgedeckt bei warmer Zimmertemperatur 2–3 Std. gehen lassen.

2. Für die Füllung Nüsse, Zucker, Schokolade, Vanillezucker, Kakao, Zimt und Salz im Blitzhacker oder Standmixer pulsierend mixen, bis die Nüsse sehr fein gehackt sind. Milch erhitzen und Butter darin zerlassen. Mit Eigelb zur Nussmischung geben und alles gut vermischen. Ein großes Geschirrtuch auf der Arbeitsfläche ausbreiten und leicht bemehlen. Den Teig darauf mit leicht bemehlten Händen zu einem flachen Rechteck drücken. Ausrollen bzw. behutsam ausziehen, bis er 65 × 45 cm groß und sehr dünn ist. Eine Kastenform fetten.

3. Die Füllung in kleinen Portionen (nicht mehr als 1 EL!) auf dem Teig verteilen und vorsichtig verstreichen. Das ist etwas knifflig, aber mit Geduld und Behutsamkeit möglich. Anschließend den Teig von einer langen Seite her eng aufrollen, zu einem S legen und leicht zusammendrücken. In die Form legen, sodass die drei Stränge nebeneinanderliegen. Dann abgedeckt bei Zimmertemperatur ca. 3 Std. gehen lassen. Diese Gehzeit bitte nicht verkürzen, sonst kann es passieren, dass der Strudel im Inneren zu dicht bleibt und nicht durchbacken kann!

4. Den Backofen auf 175 °C (Ober-/Unterhitze) vorheizen. Den Strudel mit der Hälfte der zerlassenen Butter bestreichen und 15 Min. backen. Dann die Temperatur auf 150 °C reduzieren und den Strudel weitere 45 Min. backen. Aus dem Ofen nehmen und mit restlicher Butter bestreichen. Den Strudel 20 Min. in der Form abkühlen lassen, dann auf einem Gitter vollständig auskühlen lassen. Optional mit Puderzucker bestäuben und in fingerdicken Scheiben servieren.

Monkey Bread mit Rum-Karamell

Kugel für Kugel wandert der Teig für dieses Zupfbrot zunächst in Butter und dann in Zucker, um sich anschließend in der Backform zu gruppieren und zu einem prächtigen, karamellisierten Napfkuchen zu verschmelzen. Dabei gilt: Umso kleiner, desto süßer, denn die Größe der Teigkugeln entscheidet darüber, wie viel Zucker zum Wenden gebraucht wird.

Für 1 Napfkuchenform
Zubereiten: 35 Min.
Ruhen: 20 Min.
Gehen: 1¾ Std.
Backen: 50 Min.

Für den Teig
330 ml Milch
40 g kernige Haferflocken
30 g brauner Zucker
Abrieb von 1 Bio-Orange
1 gestr. TL Salz
580 g Weizenmehl Type 405
1 Pck. Trockenhefe
2 Eier, verquirlt
70 g kalte Butter

Zum Wenden
200–225 g brauner Zucker
1 TL gemahlener Zimt
1 TL Garam Masala
65 g Butter, zerlassen
2 EL brauner Rum

Für den Belag
Butter oder Öl für die Form

1. Für den Teig Milch in einem Topf erhitzen. Haferflocken, Zucker, Orangenabrieb und Salz einrühren. Vom Herd nehmen und abgedeckt 20 Min. ruhen lassen, bis die Mischung lauwarm abgekühlt ist.

2. Mehl und Hefe vermischen. Haferflocken-Mischung und Eier zugeben und alles ca. 10 Min. verkneten, bis der Teig geschmeidig ist. Nach und nach Butter zugeben und den Teig ca. 5 Min. weiterkneten, bis die Butter eingearbeitet ist. Den Teig mit einem feuchten Geschirrtuch abgedeckt bei warmer Zimmertemperatur ca. 1 Std. gehen lassen, bis er sein Volumen verdoppelt hat.

3. Eine Napfkuchenform gründlich fetten. Zum Wenden in einem Schälchen Zucker, Zimt und Garam Masala vermischen. Zerlassene Butter mit Rum mischen und bereitstellen.

4. Den Teig auf die Arbeitsfläche geben, ca. 40 Stücke abzupfen und zu Kugeln formen. Zuerst in Rum-Butter, dann in Gewürzzucker wenden und in die Backform setzen. Abgedeckt weitere 45 Min. gehen lassen, bis sich das Volumen deutlich vergrößert hat.

5. Den Backofen auf 180 °C (Ober-/Unterhitze) vorheizen. Den Kuchen mit restlichem Gewürzzucker bestreuen und im unteren Drittel des Ofens ca. 50 Min. backen; eventuell nach der Hälfte der Zeit mit Backpapier abdecken. Aus dem Ofen nehmen, auf eine Kuchenplatte stürzen und abkühlen lassen.

Variante für Rum-Fans:
Wer es besonders »rum-reich« und süß mag, kann zum Darüberträufeln eine Rum-Karamell-Sauce machen: 100 g Zucker in 30 ml Wasser bei schwacher Hitze schmelzen. 1 Zimtstange zugeben und das Ganze erhitzen, bis es dunkelbraun karamellisiert ist (nicht rühren!). Vom Herd nehmen und 35 g Butter unterrühren. 120 g Sahne vorsichtig einrühren und 25 ml braunen Rum zugeben. Abkühlen lassen.

Zwetschgenkuchen mit Zimtschneckenboden

Zwetschgen und Zimt gehören zusammen wie Herbst und frischer Wind. Bei diesem Kuchen werden die Früchte von einem weichen Zimtschneckenteppich getragen und mit aromatischen Butterstreuseln gekrönt. Ein kleines Herbstträumchen!

Für 1 Springform (24 cm Ø)
Zubereiten: 35 Min.
Gehen: 1 Std.
Backen: 50 Min.

Für den Teig
250 g Weizenmehl Type 405
½ Pck. Trockenhefe (ca. 4 g)
1 Msp. gemahlener Kardamom
1 Prise Salz
125 ml Milch, lauwarm erhitzt
40 g weiche Butter, in Flöckchen

Für die Streusel
140 g Weizenmehl Type 405
75 g Butter, zerlassen
50 g Zucker
50 g brauner Zucker
1 Pck. Bourbon-Vanillezucker
1 Prise gemahlener Zimt
1 Prise Salz

Für die Füllung
50 g weiche Butter
60 g brauner Zucker
1 gestr. EL gemahlener Zimt

Außerdem
500 g Zwetschgen
Mehl zum Arbeiten
Butter oder Öl für die Form

1. Für den Teig Mehl, Hefe, Kardamom und Salz vermischen. Milch zugeben und alles 5 Min. verkneten. Dann die Butter nach und nach zugeben und den Teig weitere 5–10 Min. kneten. Abgedeckt bei Zimmertemperatur gehen lassen, bis sich das Volumen verdoppelt hat.

2. Für die Streusel alle Zutaten verkneten. Abgedeckt bis zur Verwendung kalt stellen. Für die Füllung alle Zutaten verrühren. Eine Springform fetten.

3. Den Teig auf der bemehlten Arbeitsfläche zu einem Rechteck (ca. 35 × 17 cm) ausrollen und mit Zimtbutter bestreichen. Von einer langen Seite einrollen und in 14 jeweils 2 cm breite Schnecken schneiden. Nebeneinander in die vorbereitete Form legen (vier Schnecken in der Mitte, zehn um diese herum) und behutsam flach drücken, sodass sie die Fläche gut ausfüllen. Die Schnecken abgedeckt einige Min. gehen lassen.

4. Den Backofen auf 180 °C (Ober-/Unterhitze) vorheizen. Währenddessen Zwetschgen vierteln und entsteinen. Die Früchte so auf dem Teigboden verteilen, dass sie ein wenig aufrecht stehen. Die Streusel darauf verteilen und den Kuchen in ca. 50 Min. goldbraun backen. Aus dem Ofen nehmen und abkühlen lassen.

TIPP
Dazu schmeckt geschlagene Sahne sehr gut.

Schokokuchen mit Tahini-Karamell-Creme

Schokokuchen ist gut, keine Frage. Dieser hier kann durchaus auch solo bestehen. Aber getoppt mit Tahini-Karamell? O Baby! Wichtig bei der Herstellung des Karamells ist, dass der Zucker nicht allzu lange köchelt, sonst kann die Sauce nach dem Abkühlen zu fest werden und lässt sich nicht mehr gut auf dem Kuchen verteilen.

Für 1 Springform (20 cm Ø)
Zubereiten: 35 Min.
Backen: 30 Min.

Für den Teig
60 g Weizenmehl Type 405
30 g ungesüßtes Kakaopulver
½ TL Espressopulver (optional)
½ TL Weinsteinbackpulver
¼ TL gemahlener Zimt
1 Msp. Salz
90 g weiche Butter
90 g brauner Zucker
2 Eier
100 g saure Sahne
25 g Tahini
½ TL Vanilleextrakt

Für den Tahini-Karamell
100 g feinster Zucker
25 g weiche Butter
100 g Schlagsahne
25 g Tahini
¼ TL Salz

Für das Frosting
50 g weiche Butter
3 EL Puderzucker
100 g Doppelrahmfrischkäse (Zimmertemperatur)
50 g Tahini-Karamell (siehe oben)

Außerdem
Butter und Mehl für die Form
heller Sesam zum Bestreuen

1. Den Backofen auf 160 °C (Ober-/Unterhitze) vorheizen und eine Springform mit Butter fetten und mit Mehl ausstreuen.

2. Für den Teig Mehl, Kakao, Espresso- und Backpulver, Zimt und Salz mischen. Butter mit Zucker in 2–3 Min. cremig aufschlagen. Eier nacheinander zugeben und jeweils 1 Min. unterrühren. Saure Sahne mit Tahini und Vanilleextrakt mischen. Zunächst die Hälfte der Mehlmischung unter die Eiermasse rühren, dann Sahnemischung und zum Schluss restliches Mehl.

3. Den Teig in die Form füllen und ca. 30 Min. backen. Aus dem Ofen nehmen und abkühlen lassen.

4. Für den Karamell Zucker in einem Topf bei schwacher Hitze schmelzen und goldbraun karamellisieren (nicht rühren). Dann Butter einrühren. Sahne langsam (!) eingießen und alles einmal aufkochen lassen. Vom Herd nehmen, Tahini und Salz einrühren und den Karamell abkühlen lassen.

5. Für das Frosting Butter und Puderzucker cremig aufschlagen. Zuerst Frischkäse, dann 50 g Tahini-Karamell untermischen. Das Frosting vor dem Servieren auf dem Kuchen verteilen. Mit Tahini-Karamell beträufeln und mit Sesam bestreuen.

Spaghettieis-Pavlova

Das Rezept für diese Pavlova entstand im sehr heißen Hochsommer. Was soll ich sagen? Spaghettieis hielt sich konstant ganz oben auf der Speisekarte und regierte wohl meine Gedanken. Am liebsten mag ich die Sahnestückchen, die unter der Eishaube entstehen! Dafür sorgen die gefrorenen Erdbeerwürfelchen, die am Ende unter die Sahne gehoben werden.

Für 1 Pavlova (18–20 cm Ø)
Zubereiten: 40 Min.
Backen: 1½ Std.
Ruhen: 2 Std.

Für die Creme
100 g frische Erdbeeren
200 g kalte Schlagsahne
Mark von ½–1 Vanilleschote

Für das Baiser
4 Eiweiß (Zimmertemperatur)
220 g feinster Zucker
1 Prise Salz
Mark von 1 Vanilleschote
1 TL Weißweinessig
1½ TL Speisestärke

Für die Sauce
150 g frische Erdbeeren
1 EL Zucker
1 TL Zitronensaft

Außerdem
150 g frische Erdbeeren zum Belegen
ca. 25 g weiße Schokolade zum Garnieren

1. Für die Creme Erdbeeren fein würfeln. Einen flachen Teller mit Backpapier belegen und die Würfel so darauf verteilen, dass sie nicht überlappen. Ins Gefrierfach stellen.

2. Für das Baiser Eiweiß schaumig aufschlagen. Sobald weiche Spitzen entstehen, Zucker und Salz esslöffelweise unter Rühren einrieseln lassen. So lange rühren, bis sich der Zucker aufgelöst hat. Das kann bis zu 10 Min. dauern. Falls Zuckerkristalle in der Masse bleiben, kann das zu »Tränchen« auf dem fertigen Baiser führen. Vanillemark einrühren. Anschließend Essig und Stärke unterheben.

3. Den Backofen auf 130 °C (Ober-/Unterhitze) vorheizen. Auf einen Bogen Backpapier einen Kreis zeichnen. Das Backpapier umgedreht auf einem Blech mit vier Baisertupfen festkleben. Baisermasse daraufgeben und zu einer ca. 3 cm dicken Scheibe formen, dabei in der Mitte eine Kuhle bilden. Wer mag, kann eine Palette am Rand der Masse von unten nach oben ziehen, sodass kleine Spitzen entstehen und das Baiser einem Krönchen ähnelt. Eine freie Form sieht aber auch sehr schön aus.

4. Die Pavlova 5 Min. backen. Dann die Temperatur auf 100 °C reduzieren und das Ganze weitere 85 Min. backen. Den Ofen ausschalten und das Baiser im geschlossenen Ofen mind. 2 Std. ruhen lassen, bis er vollständig abgekühlt ist. Vom Backpapier lösen und auf eine Platte setzen.

5. Für die Sauce Erdbeeren im Standmixer mit Zucker und Zitronensaft pürieren und kalt stellen. Die Erdbeeren für den Belag je nach Größe halbieren. Für die Creme Sahne steif schlagen und Vanillemark unterrühren. Gefrorene Erdbeerwürfel unterheben und die Masse auf dem Baiser verteilen. Die Sauce darüberträufeln und Erdbeeren daraufgeben. Weiße Schokolade auf die Pavlova raspeln und das Dessert sofort servieren.

Veganes Millionaires Shortbread

Yeldas knuspriges Shortbread, getoppt von Karamell und Schokolade – wer kann dem widerstehen? Klingt sehr mächtig, schmeckt aber genau richtig. Wer hat, sollte Meersalz für den Karamell verwenden. Das gibt nämlich bei all den zuckrigen Schichten noch mal einen richtigen Schub an LECKER.

Für ca. 20 Stück
Zubereiten: 45 Min.
Backen: 20 Min.

Für das Shortbread
175 g vegane Margarine im Block
75 g brauner Zucker
250 g Weizenmehl Type 405

Für den Karamell
170 g vegane Margarine im Block
200 g Golden Syrup oder anderer heller Sirup (kein Agavendicksaft)
170 g brauner Zucker
100 g Zucker
150 ml Hafermilch
Mark von 1 Vanilleschote
½ TL Salz

Für die Schokoschicht
300 g vegane Zartbitterschokolade (mind. 60 % Kakaoanteil) oder Kuvertüre, gehackt

Außerdem
Meersalzflocken zum Bestreuen

1. Den Backofen auf 180 °C (Ober-/Unterhitze) vorheizen und eine Backform (20 × 30 cm) mit Backpapier auslegen.

2. Margarine und Zucker cremig aufschlagen. Mehl hinzugeben und alles nur so lange verkneten, bis die Zutaten sich verbinden. Die Masse in die Form geben, gleichmäßig andrücken und mit einer Gabel mehrmals einstechen. Im Ofen in ca. 20 Min. hellbraun backen. Aus dem Ofen nehmen und abkühlen lassen.

3. Für den Karamell in einem Topf alle Zutaten außer Salz bei mittlerer Hitze unter Rühren erwärmen, bis der Zucker sich vollständig aufgelöst hat. Die Temperatur erhöhen und den Karamell auf 120 °C erhitzen. Es wird zunächst bei ca. 100–105 °C stagnieren, aber unbedingt dranbleiben! Vom Herd nehmen, Salz zugeben und den Karamell mit einem Silikonspatel ca. 5 Min. umrühren, bis er etwas abkühlt. Sobald der Karamell dickflüssiger ist, beiseitestellen und weitere 5–10 Min. abkühlen lassen. Er sollte noch flüssig genug sein, um den Keksboden damit übergießen zu können. Dann über dem Boden verteilen, glatt streichen und das Ganze kalt stellen.

4. Für die Schokoschicht Schokolade oder Kuvertüre über dem warmen Wasserbad schmelzen. Wichtig ist, dass der Topf nicht das Wasser berührt, sondern nur durch den Dampf erwärmt wird. Schokolade über die Karamellschicht gießen, glatt verstreichen, mit Meersalzflocken bestreuen und komplett aushärten lassen. Das Shortbread in die gewünschte Form schneiden und im Kühlschrank aufbewahren.

TIPP
Nicht wundern: Der Teig ist nach dem Backen an der Oberfläche noch weich, härtet aber nach dem Abkühlen aus.

Rezept- und Zutatenregister

AGNES PRUS kommt aus einer Familie, in der es am Wochenende immer selbst gebackenen Kuchen gab, und sie betrachtet sich nicht zuletzt deshalb als großen Glückspilz. In ihrem Elternhaus waren Kinder in der Küche immer willkommen, daher gehörten fluffiger Hefe-Butterstreusel, Käsekuchen, Mohnzopf und unzählige Plätzchen schon ganz früh zu ihrem Repertoire. Nach dem Studium der Kunstwissenschaft zog es sie beruflich schließlich doch in den kulinarischen Bereich. Sie verfasst Koch- und Backbücher, entwickelt Rezepte für Printmagazine und Websites und arbeitet darüber hinaus als Foodstylistin für Video- und Fotoproduktionen. Agnes Prus kocht mit Liebe zu frischen Kräutern und vielen Gewürzen und findet Gemüseschnippeln sehr meditativ. Doch ihre größte Leidenschaft ist nach wie vor das Backen. Besonders, weil es mit leckerem Gebäck so wunderbar gelingt, ihren Lieben ein Glückspilz-Lächeln auf die Lippen zu zaubern.

DANKE, liebe Kathrin, für das Vertrauen und deinen Einsatz für dieses Herzensprojekt, und 1000 Dank liebes DuMont-Team! Ich habe die Arbeit am Buch unglaublich genossen und bin so glücklich, dass das »Baby« sein Zuhause im DuMont Verlag gefunden hat!

Yelda, du Wunderbare, danke, dass du dich auf das Buchprojekt eingelassen, so wunderschön gestylt, so detailliert nachjustiert und so leidenschaftlich mit mir übers Backen abgenerdet hast. Ich habe es dir schon gesagt, und es bleibt dabei: Deine Fotos sind die Kirsche auf meiner Torte!!!

Danke an meine Mutter, meine Schwester (für mich die Sahnetorte!), Adele, Alexandra, Ingeborg, Tanja und alle anderen, die über die Jahre ihre wertvollen Rezepte mit mir geteilt haben. Ihr seid toll und ich weiß eure Großzügigkeit sehr zu schätzen! Liebe Kuchen-Guerilla (Alex, Alexandra, Dunia, Ingrid, Nadine und Nicki), danke euch für die Inspirationen. Mit euch ist gut Kuchen essen und Omi-Cafés erkunden. Und das Sahnehäubchen kommt zum Schluss: Der beste Mann ever und unsere beiden coolen Kinder. Ihr habt immer so unendlich viel Verständnis, schimpft nie über Küchenchaos, testet alles ganz gewissenhaft und sprüht vor tollen Ideen. Danke, ihr seid die Süßesten!

YELDA YILMAZ, absolute Hefeteig-Liebhaberin, hat nach ihrem Studium an der Hochschule der bildenden Künste die Food-Fotografie für sich entdeckt und seitdem mehrere, darunter auch zwei eigene, Kochbücher bebildert. Gemeinsam mit ihrem Mann lebt und arbeitet sie in Hamburg. Ihre Liebe zum Backen und Essen hat sie von ihrer Mutter. Am liebsten isst sie in Gemeinschaft, vorzugsweise an Gewässern an heißen Sommerabenden.

DER GRÖSSTE DANK gebührt dir, liebe Agnes. Ich liebe es, mit dir zu arbeiten, ganz besonders an Büchern, weil es mit dir einfach »flutscht« und wir dieselbe Sprache sprechen. Danke, dass du dieses Buch mit mir machen wolltest und immer an mich und meine Fotos glaubst.

Ein riesengroßes Dankeschön an dich, liebe Kathrin. Für deine Geduld, dein Vertrauen und deinen unermüdlichen Einsatz, nicht nur in Form von unzähligen Mails und Meetings. Es war toll und hat großen Spaß gemacht, mit dir zu arbeiten. Nicht unerwähnt lassen möchte ich das gesamte DuMont-Team – vielen Dank an euch und für eure Arbeit an diesem Buch!

Liebe Johanna, natürlich auch ein großes Dankeschön an dich, du Tolle, für deinen ewigen Zuspruch und auch für deine praktische Hilfe immer wieder und zwischendurch. Mein letzter Dank geht an meinen Mann. Lieber Stef, danke, dass du mich pushst, mein Küchenchaos ohne Wenn und Aber erduldest und mich in allem bestärkst.

Das bei der Produktion dieses Buches
entstandene CO_2 wurde durch die Finanzierung
von Klimaschutzprojekten kompensiert:
climate-id.com/17531-2110-1001/de

1. Auflage 2023

Texte: Agnes Prus, www.agnesprus.de
Fotografie, Foodstyling und Styling:
Yelda Yilmaz, www.yeldayilmaz.de

Verlagskoordination: Kathrin Nick
Lektorat: Franziska Sorgenfrei
Gestaltung und Satz: Birgit Haermeyer
Reproduktionen: PPP Pre Print Partner GmbH & Co. KG, Köln
Druck und Bindung: L.E.G.O. S.p.A, Vicenza

FSC www.fsc.org MIX Papier | Fördert gute Waldnutzung FSC® C023419

Printed in Italy
ISBN 978-3-8321-6923-7
www.dumont-buchverlag.de